10대에
미니멀리스트가
되고 싶은 나,　　　어떻게 할까?

소비의 큰손이 된 10대를 위한
'단순하게 살기' 입문서

10대에
미니멀리스트가
되고 싶은 나,　어떻게 할까?

샐리 맥그로 글 | 신인수 옮김

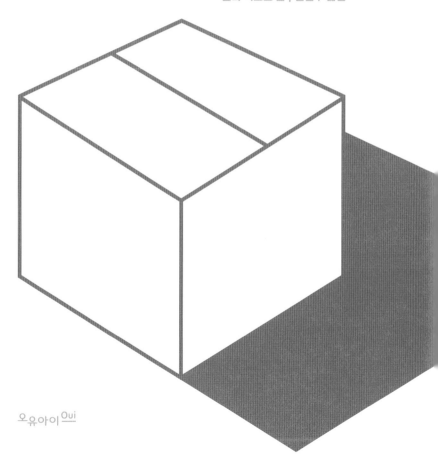

오유아이 Oui

차 례

미니멀리즘이란
무엇일까?

미니멀리즘은 자동차 대신 자전거 타기와 같은 지구 친화적인 선택을 뜻하기도 한다.

여러분이 이 책을 읽는 이유는 아마도 지구를 걱정하기 때문일 것이다. 여러분은 특히 쓰레기 문제를 걱정한다. 그리고 칫솔질을 하는 동안에는 수도꼭지를 잠그고, 재활용을 실천하고, 웬만한 거리라면 자전거를 타거나 걸어 다니기도 할 것이다. 어쩌면 여러분은 몇 가지 깜짝 놀랄 만한 통계를 술술 욀 수 있을지도 모르겠다. 이를테면 다음과 같이, 우리 인간이 내버리는 쓰레기가 어떻게 지구를 서서히 질식시키는가에 관해서 말이다.

• 인간은 흔히 '쓰레기'라고 말하는 고형 폐기물을 해마다 12억 톤가량 쏟아낸다. 전문가들은 이 수치가 2100년까지 36억 톤에 이를 것으로 내다본다.

• 미국의 모든 신선한 과일과 채소 가운데 약 50퍼센트는 먹지도 않은 채 버려진다. 해마다 약 5400만 톤에 이르는 양이다.

- 미국인은 해마다 1300만 톤이나 되는 옷을 버린다. 이 중 일부만 자선 단체로 가서 다시 판매되고, 대부분은 쓰레기 매립지로 보내진다.

쓰레기 가운데는 재활용하거나 재사용할 수 있는 것이 너무 많고, 애초에 사지 말았어야 했을 물건도 너무 많다. 우리는 우리 스스로 만들어 낸 쓰레기 속에 묻혀 살면서도, 쓰던 물건이 멀쩡한데 또 새 물건을 사들인다.

다행히 요즘 많은 사람들이 소비에 더 책임감을 느끼고 지구 환경에 해를 덜 끼치는 시민으로 살아갈 방법을 찾고 있다. 사람들은 사려는 물건이 윤리적으로 만들어지지 않고, 재활용할 수 없고, 살충제나 화학 비료를 써서 재배했거나 친환경적이지 않다면 점점 반감의 눈초리를 보낸다.

이제 지구를 지키려면 집단 의지가 중요하다. 우리 모두 무엇을 사고 무엇을 먹을지, 에너지는 어떻게 쓸지 충분히 알아보고 지구에 덜 해로운 선택을 하도록 노력해야 하며, 그렇게 내린 선택에 흔들림이 없도록 서로 힘을 실어 줘야 한다.

/ 단 순 하 게 살 기 /

미니멀리즘minimalism은 덜 쓰고, 환경 훼손을 최소화하고, 꼭 필요한 물건만 가지는 삶의 방식을 뜻한다. 우리에게 가장 가치 있는

어떤 사람들에게 미니멀리즘은 덜 가지는 삶을 뜻한다. 미국 위스콘신주 매디슨에는 아주 작은 집에서 사는 공동체가 있다. 이곳에 살려면 약 9제곱미터에 들어갈 정도로만 소유물을 줄여야 한다. 이 넓이는 웬만한 집 방 한 칸밖에 안 된다.

것에 집중하고, 이 집중을 방해하는 모든 것을 놓아 버리자는 것이 미니멀리즘의 철학이다. 이와 같은 삶의 방식을 추구하는 사람을 '미니멀리스트minimalist'라고 한다.

미니멀리즘은 영어에서 '아주 적은, 최소의'라는 뜻의 '미니멀minimal'과 '주의'라는 뜻의 '이즘ism'이 합해진 말로, 1960년대부터 쓰이기 시작했다. 주로 예술 분야에서 단순한 몇몇 요소로 최대 효과를 이루려는 흐름으로 나타났다.

미니멀리즘은 이처럼 새로운 것은 아니지만, 21세기에 들어서서 대세를 이루고 있다. 전 세계의 많은 작가, 블로거, 팟캐스터 들이 미니멀리스트로 살아가기로 작정하고, 사람들이 덜 가지고 사는 방법과 단순하게 살기를 익히도록 돕고 있다. 잡동사니를 정리하는 방법을 다룬 책이 세계 곳곳으로 날개 돋친 듯이 팔려 나가고, 조슈아 베커(《작은 삶을 권하다》 저자) 같은 미니멀리스트 블로거를 팔로우하는 사람이 엄청나게 많아졌다.

작은 공간에서 살아가는 '작은 집 운동'이 미국을 휩쓸었고, 몇몇 단체는 미니멀리즘을 실천하기 위해 쓰레기를 줄이는 데 힘을 쏟고 있다. 예를 들면, 미국의 패션 디자이너 에일린 피셔와 세계적인 의류 기업 H&M은 쓰레기 매립지로 보내는 옷의 양을 줄이기 위해 옷을 재활용하는 프로그램을 도입했다. '피딩 더 5000Feeding the 5000'은 영국에서 시작된 것으로, 먹는 데는 아무 이상 없지만 못생겼거나 흠이 있어 버려진 식재료로 요리해서 먹는 음식물 축제이다.

만약 여러분이 미니멀리즘을 실천한다면, 여러분의 선택과 행동이 주변에 영향을 끼칠 것이다. 이를테면, 여러분이 옷이나 소지품의 양을 줄이면 친구들이 그 모습을 보고 신상품을 과시하는 것만이 멋져 보이는 일이 아님을 깨닫게 된다. 동생들도 여러분을 본받아 용돈을 좀 더 슬기롭게 쓸지도 모른다. 소비 습관이 얼마나 중요한가를 주제로 부모님과 뜻깊은 대화를 나눌 수도 있다. 힘들게 얻은 돈을 여러분이 어디에 쓰거나 쓰지 않기로 결정하는 태도는 알게 모르게 여러분 주변의 수많은 사람에게 영향을 끼친다.

그런 영향력을 더욱 키우고 싶다면, 지금 이 책을 든 건 잘한 일이다. 이 책은 쓰레기를 줄이고, 물건을 덜 사들이고, 이미 갖고 있는 물건을 더욱 쓸모 있게 사용하도록 돕는 실천 안내서다. 이제부터 여러분의 필요에 맞게 친환경적인 방법으로 욕구를 채울 방법을 제안하면서 패션, 음식, 주거 공간 얘기를 펼치려고 한다. 그냥 정돈하는 삶과 미니멀리스트의 삶이 어떻게 다른지도 알아볼 것이다. 또한 쇼핑과 소비에 열광하기보다는 덜 가지고 사는 것을 지향하는 10대도 만날 수 있다. 낭비를 일삼는 거대한 발자취를 지구에 남기는 일 없이, 멋스럽고 세련되면서도 주변에 따뜻한 관심을 가지고 살아갈 간단하고 효과적인 방법을 파헤쳐 보자.

제1장

미니멀리즘은
어떻게 생겨났을까?

인간은 일찍이 자신이 먹을 음식을 직접 키우고 입을 옷을 손수 만들었다. 1851년에 만든 한 광고에서 여성이 발로 밟아 돌리는 재봉틀로 옷을 짓고 있다.

인류 초기의 조상은 절약가였고, 필요한 건 무엇이든 주변에서 긁어모아 썼다. 그러니까 초기 인류는 수렵과 채집으로 살아나갔다. 이들은 소수로 무리 지어 이곳에서 저곳으로 이동하며 동물을 사냥하고 야생 식물에서 먹을 것을 얻었다. 동물 뼈와 돌과 나무로 도구를 만들고, 동물 가죽으로 옷을 지었다. 그리고 나무와 진흙, 지푸라기와 동물 가죽, 그 밖에 자연에서 얻은 재료로 보금자리를 만들었다. 도구가 부서지거나 옷이 찢어지면 식물 섬유로 만든 실이나 끈으로 고쳐 썼다.

세계 최초의 농부들은 약 1만 2000년 전에 고대 서아시아 지역에서 살았다. 초기 농사는 친환경적으로 이루어졌다. 가족들은 자신들이 먹을 수 있을 만큼의 농작물을 기르고 가공했고, 여분이 생기면 저장하거나 교역했다. 가축은 풀을 뜯어 먹었고, 농부는 가축의 똥을 농작물에 비료로 주었다.

인류가 농사를 짓기 시작한 뒤로 얼마 지나지 않아 도시가
생겼다. 도시가 처음 생겨날 무렵에는 사람들이 거의 모든 것을
지었다. 길과 다리부터 집과 공공건물까지, 주로 사는 곳에서 재
료를 얻어 손으로 일일이 지었다. 도시에 사는 사람들은 필요한
도구와 옷과 가구를 손수 만들거나 동네 기술자가 만들어 놓은
것을 사서 썼다. 당시에는 무엇이든 고쳐서 쓰고 또 썼다. 누군가
쓰던 물건을 버려도, 원래 재료가 나무나 동물 가죽, 식물 섬유처
럼 한때 생명 있던 물질이었기 때문에 결국 분해되어 땅을 기름
지게 했다. 이렇듯 농경 시대에 인간이 내버린 쓰레기는 지구에
이로웠다.

/ 소 비 문 화 의 등 장 /

18세기 후반에 영국에서 일어난 산업 혁명은 곧 유럽과 북아메리
카로 널리 퍼졌다. 처음으로 제조 회사에서 증기(나중에는 석탄과
석유)의 힘으로 움직이는 엔진을 사용하여 기계를 작동시켰다. 제
조 회사는 노동자를 고용하여 공장에서 물건을 대량으로 생산했
다. 그때까지 도시 사람들은 대부분의 물건을 손수 만들거나 동
네 기술자한테서 사들였지만, 공장은 옷과 도구를 비롯한 여러
물건을 대량으로 만들어 내기 시작했다.

산업화가 시작되던 당시, 미국인들은 대부분 절약하며 살았

1920년대 무렵, 미국 소비자들은 상점에서 수백 개의 통조림 식품과 포장 음식을 골라서 살 수 있었다. 상점은 공장에서 만든 옷, 세면용품, 화장품, 가전제품을 대량으로 갖춰 놓았다.

다. 될 수 있는 대로 모든 것을 아껴 쓰고 고장 나면 고쳐서 썼다. 공장에서 만든 물건은 사람들의 마음을 끌었지만 값이 여전히 비쌌다. 그래서 대부분은 가지고 있던 물건을 계속 고쳐 쓸 수밖에 없었고, 해지거나 망가진 물건은 팔았다. 미국 대도시에서는 고물상이 집집마다 다니면서 폐지나 고철, 헌 옷, 심지어 먹고 버린 뼈 조각까지 사 갔다. 고물상은 이렇게 모은 것들을 재활용 회사에 팔았다. 그러면 어떤 회사는 고철을 녹여서 새로운 도구나 용기로 만들었고, 제지업자는 헌 옷을 잘게 찢어 물과 섞은 다음 걸쭉한 펄프가 되도록 짓이겨서 종이로 만들었고, 어떤 회사는 먹고 버린 동물 뼈를 갈아서 농장에 비료로 팔기도 했다.

시간이 흐르자 조립 라인 같은 획기적인 기술이 공장에 도입되었고, 제품이 훨씬 대량으로 생산되면서 값이 싸졌다. 1920년대 초기에는 노동자 계층 가정에서도 새롭게 발명된 자동차를 비롯해 라디오나 진공청소기 같은 제품을 살 수 있게 되었다. 물건을 사도록 소비자들을 부추기는 적극적인 광고 속에서 소비문화는 급격히 퍼져 나갔다. 상품 가격이 떨어지고 신용 구매가 가능해지자, 소비자는 더욱 유혹을 떨치지 못했다. 상점에서 산 옷과 통조림 음식이 집에서 만든 것보다 인기를 끌었다. 그 무렵, 많은 미국 도시에서 처음으로 쓰레기 수거 서비스가 실시되었다. 사람들은 오래된 신문, 빈 캔이나 병, 고장 난 가전제품뿐 아니라 싫증이 난 멀쩡한 물건을 쓰레기통에 던졌다. 버려진 쓰레기는 쓰레기 매립지와 거대한 소각로로 실려 갔다. 사람들은 무엇이든 더욱 많이 버리고, 재사용하는 일은 줄어들기 시작했다.

/ 어 쩔 수 없 이 아 끼 던 시 대 /

1920년대에 미국인들은 열심히 일을 했고, 일한 만큼 돈을 많이 벌었다. 사람들은 여윳돈으로 멋진 옷이나 자동차를 사들였고, 주식도 샀다. 주식은 기업에서 발행하는 것으로, 사람들이 돈을 내고 주식을 사면 기업은 그 돈을 자본으로 삼아 공장을 짓거나 사업을 크게 벌인다. 기업이 잘되면 벌어들인 돈은 주식을 산 모든 사람과 고루 나눈다. 하지만 기업이 손해를 보면 주식을 산 사람들은 돈을 한 푼도 돌려받지 못한다.

1929년, 미국에서 주식이 조만간 휴지 조각이 될 거라는 소문이 파다하게 퍼졌다. 놀란 사람들은 서둘러 주식을 팔아 돈으로 받으려고 난리였다. 하지만 기업들은 그 많은 사람에게 당장 내줄 돈이 없었고, 결국 미국 주식 시장은 무너지고 말았다. 이 경제 혼란 현상을 '대공황(1929~1939)'이라 한다. 미국에서 시작된 대공황은 유럽으로 퍼져 나갔다. 이런 세계적인 경제 하락은 미국이 제2차 세계대전(1939~1945)에 뛰어들며 끝이 났다. 대공황 기간 동안 수많은 기업과 은행이 파산했고, 미국인 4명 중 1명이 일자리를 잃었으며 달리 일할 곳도 찾지 못했다.

당시 수많은 이들이 혹독한 가난 때문에 미니멀리스트로 살아야 했다. 집집마다 옷부터 음식까지 모든 소비를 줄였다. 사람들은 먹을거리가 떨어지지 않을지, 집세 낼 돈이 모자라지 않을지 전전긍긍하며 지냈다. 옷이나 신발을 사려면 몇 년이고 쓸 만한지 꼼꼼히 살펴보아야 했다. 그때는 무엇이든 새것을 사기가 어려워서 다들 고쳐서 썼다. 이러한 상황에서 미국 정부는 사람을 고용하고 농부를 지원하는 프로그램을 다양하게 실시했고, 경제 위기가 다시 일어나지 않도록 기업의 관행을 규제해 나갔다.

그러는 가운데 제2차 세계대전이 일어나자 궁핍하게 지내야 하는 날들이 더 이어졌다. 미국 정부는 유럽과 아시아에 나가서 싸우는 군인들에게 음식과 옷뿐 아니라 무기와 탄약과 차량과 연료를 넉넉히 보급해야 했다. 그래서 정부는 배급제를 실시해서 한 가정당 살 수 있는 휘발유, 버터, 설탕, 석탄, 장작, 심지어 신발까지 제한했다. 미국 정부는 마지막 한 방울, 마지막 한 조각까지 최대한 활용하기 위해 국민에게 금속, 종이, 고무를 긁어모으도록 했다. 사람들은 지역 사회 운동을 통해서 수십만 킬로그램의 자원을 모아 정부에 기부했다. 고철은 무기 만드는 데 재활용되고, 폐고무는 탱크와 군사 차량의 타이어가 되었다. 요리에 쓰는 기름은 폭발물을 만드는 데 쓰였다. 온 나라가 쓰레기를 챙기고 재활용하는 데 힘을 모았다.

/ 새로운 재료, 새로운 습관 /

전쟁이 끝난 뒤에 미국 경제는 호황으로 돌아섰다. 공장에서는 더 이상 군사 물자를 생산하지 않고, 새로운 식품과 옷, 자동차, 가전제품을 대량으로 만들어 내기 시작했다. 소비 물자는 풍성하고 값도 쌌다. 이렇게 된 가장 큰 이유는 바로 플라스틱 때문이다. 석유로 만드는 플라스틱은 20세기 초에 개발되었다. 제2차 세계대전 동안 기술자들은 절연용 부품과 타이어, 군사 차량의 부품으로 플라스틱을 사용했다. 전쟁이 끝나자, 공장에서는 접시부

제2차 세계대전에 참전한 군대를 지원하기 위해 고철, 폐지, 폐고무를 비롯한 여러 자원을 기부해 달라는 내용의 미국 필라델피아 국방위원회의 포스터. 사람들이 기부한 폐품은 무기와 군인에게 필요한 각종 장비로 재활용되었다.

터 장난감, 야외용 의자, 전화기에 이르기까지 모든 물건을 만드는 데 플라스틱을 썼다. 또 석유를 사용해 페인트, 접착제, 화학 약품, 합성 섬유를 만들었다.

플라스틱은 싸고 튼튼하고 가볍다. 그리고 플라스틱으로 엄청나게 다양한 제품을 만들 수 있다. 나일론과 폴리에스테르 같은 합성 섬유 또한 생산가가 높지 않으면서 질기고 튼튼하다. 하지만 이런 물질들은 천연 소재와는 달리 시간이 흘러도 쉽게 분해되지 않는다. 플라스틱은 작은 조각으로 분해되는 데 수백 년이 걸리고, 독성 화학 물질마저 내뿜는다.

1950~1960년대에 플라스틱과 합성 물질은 새롭게 떠오르는 별이었다. 이 소재들은 어디에나 쓰였다. 더 쉽고, 간편하고, 깨끗하게 살고 싶은 열망에서 사람들은 재사용할 수 있는 제품 대신 일회용 상품을 선택했다. 비닐 재질을 덧댄 기저귀를 한 번 쓰고 쓰레기통에 버리면 그만인데, 왜 더러워진 천 기저귀를 빨고 싶겠는가? 파티에서 플라스틱으로 만든 접시와 컵을 쓰고 내다 버리면 되는데, 왜 설거지를 하고 싶겠는가? 플라스틱을 비롯해 혁신적인 것을 자랑하는 광고는 사람들에게 낭비하며 사는 생활 방식을 부추겼다. 1930~1940년대에 어쩔 수 없이 미니멀리스트로 살아야 했던 미국인들은 이제 정반대로 최대의 소유를 지향하는 맥시멀리스트maximalist가 되었다. 많은 사람이 매 순간 빠르고 신나게 물건을 내버리고, 눈썹이 휘날리도록 빠르게 새 물건을 샀다.

또한 제2차 세계대전이 끝난 뒤, 미국은 심각한 주택 부족 문제를 겪었다. 많은 젊은이들이 도시에 나와 일하면서 친척 집이나 친구 집에 얹혀살았다. 턱없이 부족한 집을 공급하기 위해서 부동산 개발업자들은 도시 외곽의 농지를 주택 지역으로 탈바꿈시켰다. 소비자들은 열렬히 반기며 재빠르게 새집을 사들였다. 수많은 사람들이 도시 외곽에 살면서 시내에 있는 직장까지 먼 거리를 출퇴근해야 했다. 그러나 지방 정부 대부분이 도시 외곽에 사는 통근자를 위한 교통 체계를 제대로 마련하지 않자, 교외에

제2차 세계대전 이후에 플라스틱은 미국 부엌에 대변혁을 가져왔다. 가장 인기를 끈 플라스틱 제품은 식품 저장 용기였다. 소비자들은 깨지지 않는 데다 밀봉할 수 있는 용기에 열광했다. 이런 용기는 음식을 저장할 뿐만 아니라 식탁에 내놓는 그릇으로도 쓰일 수 있었다.

사는 가정에서는 점점 자동차에 의지하기 시작했다. 휘발유로 달리는 자동차는 일산화탄소, 탄화수소, 질소산화물을 비롯하여 여러 오염 물질을 배기관으로 내뿜는다. 자동차 문화가 장기적으로 끼칠 영향은 깨닫지 못한 채, 사람들은 어마어마한 쓰레기를 배출하고 오염 물질을 뿜어내는 방식으로 삶을 바꿔 갔다.

/ 환 경   문 제 에   눈 뜨 다 /

1960년대에 들어서자 사람들은 차츰 미국이 달라지고 있다고 느꼈다. 당시는 10년 사이에 정치·문화적으로 대변혁을 맞이하던 때였다. 아프리카계 미국인은 시민권을 얻기 위해 싸우고, 여성은

남성과 평등할 권리를 얻기 위해 싸웠으며, 게이와 레즈비언은 자신의 정체성을 떳떳하게 드러내기 시작했다. 젊은이들은 베트남 전쟁(1957~1975)에 미국이 끼어드는 것을 반대했다.

그리고 이 시기에 많은 사람들이 인류가 환경에 끼치는 폐해를 깨닫게 되었다. 미국 생물학자 레이첼 카슨은 1962년에《침묵의 봄》을 출간하며 환경 보호 운동의 발판을 마련했다. 카슨은 이 책에서 살충제가 자연 생태계에 끼치는 위험성을 알렸다. 농부는 살충제를 뿌려 농작물을 먹고 사는 벌레를 죽인다. 살충제 덕분에 농부는 농작물을 더 많이 거두어들일 수 있지만, 살충제 속 화학 물질은 토양과 지하수와 수로를 오염시킨다. 카슨은 온갖 벌레를 죽이는 데 널리 쓰이는 'DDT'라는 살충제가 특히 해롭다고 보고했다. 살충제를 먹고 죽은 벌레를 새나 동물이 먹으면 그 몸에도 독성이 퍼진다. 어떤 새들은 DDT 때문에 껍데기가 몹시 얇은 알을 낳았고, 새끼가 알을 깨고 나오기도 전에 껍데기는 깨져 버렸다. 펠리컨, 독수리를 비롯한 새들의 수가 줄어들었다. 사람들은 카슨의 책 덕분에 인류가 개발한 기술이 환경에 해로운 영향을 줄 수 있다는 사실에 눈을 떴다.

환경 오염이 하나둘 드러날수록 사람들은 분노했다. 결국, 미국 정부는 환경을 파괴하는 여러 관행을 법으로 규제하기 시작했다. 1970년에 리처드 닉슨 대통령은 미국 환경 보호국EPA을 세웠다. 미국 환경 보호국은 공기와 물의 오염을 막고, 해로운 살충

 지구가 쓰레기 더미 속에 파묻히고 있다. 사람들은 쓰레기를 쓰레기 매립지에 묻고, 거대한 소각로에 넣어 태우고, 때로는 바깥으로 휙 내던지고 만다. 최근 쓸모없어진 물건을 쓰레기로 만들기보다는 재활용하고, 기부하고, 더 나은 것으로 바꾸려는 움직임이 일고 있다.

제 사용을 규제하고, 가정에서 쓰는 위험한 화학 약품의 사용을 금지하는 규칙을 만들고 시행했다.

1980~1990년대에 미국과 유럽 일부에서 재활용이 체계적으로 실행되기 시작했다. 마을과 도시는 재활용품 공장을 세우고, 가정에서 재활용품을 내놓으면 수거해 갔다. 쓰레기 매립지와 소각로로 향하는 쓰레기의 양을 줄이는 것이 목표였다. 이러한 노력은 효과가 있었다. 2012년에 미국 환경 보호국은 미국인이 가정용 쓰레기의 34.5퍼센트를 재활용하고 있다고 발표했다.

사람들이 성실히 재활용을 실천하고 있지만, 21세기는 아직도 쓰레기 더미 속에 파묻혀 있다. 미국 환경 보호국은 1960년에 미국인이 배출한 쓰레기가 8000만 톤에 이르렀을 것으로 추정한다. 2015년 무렵에는 해마다 배출하는 쓰레기의 양이 거의 3배가 늘어난 2억 3000만 톤에 달했다. 전 세계를 통틀어서 따지면, 통계 수치는 훨씬 더 심각해진다. 2015년에 세계은행(가난한 나라에게 경제적 도움을 주는 국제 은행)은 전 세계 사람이 1년에 12억 톤에 달하는 고형 쓰레기를 배출하고 있고, 2025년 무렵에는 이 양이 20억 톤으로 늘어날 것으로 예상된다고 보고했다.

쓰레기는 대부분 쓰레기 매립지나 소각로로 보내진다. 이런 설비는 토양과 공기와 물의 오염을 최소화하도록 마련된 규칙과 규제에 따라 작동되어야 한다. 하지만 가난한 나라들에서는 거리에 내놓은 쓰레기를 수거해 가는 시스템이나 쓰레기를 처리하는 시설이 없다. 세계 인구의 절반 이상이 정기적인 쓰레기 수거 서비스를 받지 못하는 실정이다. 그래서 아직도 세계 여러 곳에서는 쓰레기를 길가에 그냥 내버리거나 강물에 던진다.

쓰레기 문제도 문제지만, 또 다른 문제인 온실가스 얘기를 해 보자. 이산화탄소, 메탄, 아산화질소 같은 온실가스는 지구 대기에 태양열을 가둔다. 인간은 석탄, 석유, 천연가스와 같은 화석 연료를 태우면서 해마다 400억 톤에 이르는 이산화탄소를 대기 중에 보탠다. 자동차, 트럭 등 대부분의 차량이 석유에서 추출한 휘발유로 움직인다. 공장에서는 기계를 작동하려고 석탄을 태우고, 집과 사무실에서는 천연가스를 태워서 난방을 한다. 폐기물을 소각로에서 태우는 것도 온실가스를 발생시킨다.

이렇듯 대기에 갇힌 열이 많아지면서 지구 온도가 올라가고 있다. 또한 따뜻해진 공기와 토양과 바다가 세계 기후를 변화시킨다. 허리케인과 태풍이 갈수록 강력해지고, 가뭄도 잦아지고, 폭염 지속 기간도 길어지고 있다. 높아진 기온은 북극과 남극의 얼음마저 녹인다. 이 얼음이 바닷물에 녹아들면 해수면이 올라가서 해안 도시와 섬나라가 물에 잠기고 만다.

기후 변화는 인간과 동물 모두에게 크나큰 영향을 미친다. 강수량과 강설량의 변화로 마실 수 있는 물이 줄어드는 것은 물론이고, 허리케인·태풍·홍수 같은 자연재해로 주택과 농지가 파괴된다. 바다와 호수와 강물에 따뜻한 물이 흘러들면서 탄소가 지나치게 많아져 산호와 수생 식물, 물고기, 바다 포유동물이 죽어 가고 있다.

/ 지 구 를 덜 괴 롭 히 려 는 움 직 임 /

세계 곳곳에서 탄소 배출을 줄이려는 노력이 진행되고 있다. 정부, 기업, 가정에서 화석 연료를 태양열과 풍력 같은 무공해 에너지로 차츰 바꾸고 있다. 탄소를 배출하지 않는 전기차가 자동차 시장에서 판매되고, 화학 살충제와 화학 비료를 쓰지 않고 작

 2017년 6월, 방글라데시의 수도 다카에서 자전거와 버스에 탄 사람들이 홍수가 난 거리를 지나가려고 분투하고 있다. 지구 기온이 높아질수록 기상 이변도 심각해진다. 폭풍우와 홍수가 마치 살인자처럼 사람들의 목숨을 앗아 간다.

물을 키우는 유기 농법이 널리 확산되고 있다. 자신의 거주 지역에서 재배한 제철 음식을 그때그때 사 먹는 소비자, 즉 '로커보어 locavore'가 훨씬 많아졌다. 거주 지역에서 나는 먹거리를 사면 생산지에서 시장까지 운송하는 거리를 크게 줄일 수 있다.

　미니멀리스트로 살아가려는 움직임은 지구를 되도록 덜 괴롭히려는 노력의 하나이다. 미니멀리스트로서의 삶은 사고방식의 중요한 변화를 보여 준다. 사람들은 수십 년 동안 자원을 물 쓰듯 펑펑 소비해 왔지만, 이제 지구를 보호하고 지구의 미래를 바꾸어 나가기를 열렬히 바란다.

minimalism

별수 없이
미니멀리스트

21세기의 미니멀리즘 철학은 풍요롭고 산업화된 문화 속에서 생겨났다. 미국을 비롯한 부유한 나라의 국민은 넘쳐나는 상품 속에 익사해 갔고, 이러한 과잉 현상에 대한 반작용으로 나타난 것이 바로 미니멀리즘이다. 하지만 수십억 명에 이르는 전 세계 사람들이 너 나 할 것 없이 미니멀리스트가 되겠다고 평소 생활 방식을 바꿀 필요는 없다. 세계의 수많은 사람들이 더 좋은 물건을 더 많이 살 여력은커녕 극히 적은 소유물만 가지고 소박한 집에서 살아간다.

세계를 둘러보면 미니멀리스트로 살 수밖에 없는 곳이 많다. 먹을 것을 직접 키워야 하고, 손수 옷을 만들어 입고, 무엇이든 재사용해야 하는 사람들이 있다. 상점에서 물건을 살 형편이 안 되거나 상점조차 없는 곳에 살기 때문이다. 미국 작가이자 인권 운동가인 재클린 애덤은 아프리카 가나에서 살고 있다. 애덤은 가나의 수도인 아크라에서는 친환경적으로 살아가는 이웃이 흔하다고 말한다. 아크라 사람들은 귀한 물을 아끼느라 양동이 하나에 담긴 물로 두 사람이 목욕을 한다. 도시에서는 전기가 자주 나가 촛불과 배터리로 작동되는 전등에 의지해서 산다. 아크라 사람들은 손으로 옷을 빨아 말리며, 그릇을 씻고 말린다. 또 음식을 조금이라도 남김없이 잘 활용하려고 애쓴다.

가나에 사는 애덤의 이웃은 스스로 선택해서 미니멀리스트로 사는 게 아니다. 가난 때문에 어쩔 수 없이 아끼고 견딘다. 무엇을 먹고 소비할지 선택할 여지가 많은 부자 나라에서 미니멀리즘은 성취감과 도전 의식을 줄 수 있지만, 별로 가진 것 없이 사는 가난한 나라에서 미니멀리즘은 살아남기 위한 싸움일지도 모른다.

기존의 예술에
도전장을 내는
미니멀리즘

현대의 미니멀리즘은 주로 음식과 옷, 소비재와 관련이 있다. 하지만 이미 미니멀리
즘은 미술·건축·음악 분야를 휩쓸고 지나갔다.

과거에 예술은 화려했다. 한 예로, 17세기에 바로크 양식의 미술과 건축이 온 유럽
에 유행했다. 바로크 양식의 그림은 화려한 금테두리 장식과 사람, 말, 천사를 비롯
한 여러 요소가 빽빽이 그려진 세밀한 광경이 특징이다. 바로크 양식의 건축물은 높
은 천장, 조각이 새겨진 벽, 수많은 장식 조각품 등 모두 지나치게 화려하다. 시간이
갈수록 예술 양식은 간소해졌지만 여전히 다채로운 색감, 뭔가 많고 복잡한 세부 표
현을 자랑한다.

모든 것이 20세기 초에 바뀌었다. 유럽에서 '데 스틸De stijl'(스타일을 뜻하는 네덜란드
어)이라는 운동이 일었는데, 명확성, 질서, 단순한 기하학 형태, 원색을 추구한다. 이
운동에서 가장 유명한 예술가가 네덜란드 화가인 피터르 몬드리안이다. 몬드리안
은 대담하게 딱딱한 선과 삭막한 모양으로 캔버스를 채웠다.

1920년대~1930년대 초기에 독일에서는 미술학교와 공예학교를 병합하여 설립한
바우하우스라는 학교에서 공업 디자이너, 그래픽 디자이너, 인테리어 디자이너, 건
축가 들을 훈련시켰다. 데 스틸의 예술가들과 비슷하게, 바우하우스의 학생들도 단
순하고 장식 없는 작품을 만들었다. 바우하우스 건축가들은 상자 같고 꾸밈이 없는
건물을 디자인했고, 바우하우스 가구 디자이너들은 선이 깔끔한(하지만 종종 불편한)
의자를 만들었다.

1960년대 후반에 미국 뉴욕의 미술가 집단은 어떤 것이 예술이 될 수 있는지 사람

들이 궁금해하게 만들고 싶었다. 스스로 미니멀리스트라고 자처하기 시작한 미술가들은 거대한 큐브나 X 모양을 띤 검은색 알루미늄, 검게 칠한 캔버스, 여백이 부각된 작품을 선보였다. 이 중에 화가인 프랭크 스텔라와 엘스워스 켈리, 조각가인 토니 스미스와 솔 르윗이 있다. 예술에 접목되었던 미니멀리즘은 20세기 후반에 제품 디자인, 광고, 타이포그래피, 잡지 디자인으로 이어졌다.

또한 세기 말에 비평가들은 미국 단편 소설의 거장인 레이먼드 카버와 아일랜드의 극작가인 사뮈엘 베케트와 같은 작가들이 쓴 작품을 보고 '미니멀리스트'라는 용어를 썼다. 이들의 작품은 짧고, 세부 묘사는 간략하면서 기본적인 뼈대만 갖추었다. 존 케이지와 필립 글래스 같은 미니멀리스트 작곡가들이 만든 작품 역시 짧고, 비슷한 부분이 반복되고, 심지어 정적이 길게 들어가 있기도 했다.

누군가는 미술·문학·음악 분야에 나타난 미니멀리스트 예술가들의 움직임을 단순히 문화 트렌드라고 생각할지도 모르겠다. 하지만 예술계에서 미니멀리즘은 이상적인 사회를 꿈꾸면서 생겨날 때가 많다. 많은 미니멀리스트 예술가들은 이미 확립된 예술 개념에 도전장을 낸다. 현대 사회와는 정반대의 모습을 보여 주기 위해, 또 관람객에게 단순함의 가치를 생각하도록 권하기 위해서 말이다.

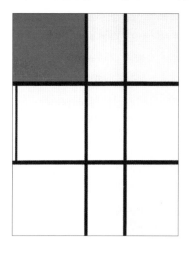

몬드리안의 '빨강의 구성 B'(1935). 20세기 중반에 예술가들은 시각적 미니멀리즘을 받아들여 작품 활동을 벌였다.

미니멀리스트의 안식처, 공동체

1960년대에 미국에서 일어난 공동체 운동은 미니멀리즘 운동의 한 예다. 공동체 삶은 1663년으로 기록된 초기 미국 공동체와 더불어, 수백 년 동안 이어진 반체제(기존의 사회와 정치 체제를 부정하는 것) 전통이다. 공동체 삶은 1960년대에 들어서 대안적인 삶의 방식으로 다시 살아났고, 주로 '히피'라고 불렸던 많은 젊은이들이 반체제 의식을 드러내는 방식으로 받아들였다. 이런 공동체는 소비주의를 지양하고 친환경적인 삶에 가치를 두었다. 반체제 구성원 중에는 대학을 그만두고, 따분한 삶을 거부하고, 사무직을 버리고, 여러 가족이 함께 생활하는 공동체로 옮겨 온 사람들이 많았다.

공동체는 전통적인 사회 규범을 거부했다. 공동체 사람들은 자신들이 공유하는 공동체 사회가 깨끗하고 순조롭게 굴러가도록 협력했다. 이들은 성별이나 학력과 상관없이 각자 지닌 기술에 따라 역할과 할 일을 나누었다. 많은 공동체가 시골에 있었다. 그곳에서 공동체 주민들은 유기농 작물을 손수 길렀다. 공동체 구성원들은 되도록 자연 환경에 나쁜 영향을 끼치지 않으려고 애썼다. 태양열과 풍력 같은 대체 에너지를 마련하고, 물건을 고쳐 쓰고 다시 쓰면서 되도록 쓰레기를 적게 만들려고 했다. 공동체는 미니멀리스트의 안식처가 되었다.

하와이 카우아이섬에 있는 테일러 캠프는 1960년대 말에서 1970년대 초 사이에 미국에서 운영된 수백 개의 공동체 중 하나였다. 1969년에 7에이커(약 8000평)의 땅에 히피 13명이 캠프를 세웠다. 이 공동체는 5년 동안 활발하게 유지되었는데, 거주자가 가장 많을 때는 100명이 넘었다. 테일러 캠프 주민은 주변에서 찾은 재료로 나

1970년대에 영국 웨일스에 있는 공동체 마을 사람들이 공동 텃밭을 가꾸는 모습. 1960~1970년대에는 세계의 많은 젊은이들이 공동체를 이루고 미니멀리즘을 실천했다.

무 위에 오두막을 지었다. 그들은 작물을 키우고, 캠프 주위를 둘러싼 야생에서 먹을거리를 모으며, 이웃과 친구들이 기부하는 음식을 받아, 공동체 전체가 나눠 먹었다. 주민들은 불문율을 정하고, 시장과 보안관을 뽑았다. 따뜻한 하와이 햇살 아래에서 옷을 입지 않고 지내는 사람들도 있었다. 그들은 옷조차 필요하지 않다는 극단적인 미니멀리즘 생활을 택했다.

하지만 공동체 생활은 오래도록 유지되기가 어려웠고, 1960년대에 일어난 반체제 공동체 운동은 마침내 서서히 사라졌다. 하지만 공동체 삶이 추구한 이상은 현대 미니멀리즘 운동과 맞닿아 있다.

제 2 장

미니멀리즘
선택하기

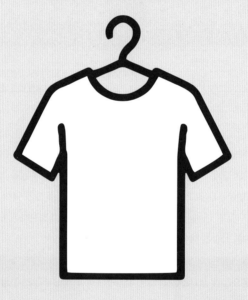

10대들도 친환경적으로 만든 옷과 음식, 생활
용품에 돈을 쓰면, 또래 집단뿐만 아니라 기업
체에 크고 긍정적인 영향을 미칠 수 있다.

　　미국에 사는 10대는 거의 2800만 명에 이른다. 그중 일을 하
는 10대가 해마다 벌어들이는 돈을 모두 합하면 911억 달러(우리
돈으로 약 100조 원)다. 10대들은 대부분 집세나 식료품비와 같은
생활비를 안 내도 되기 때문에 911억 달러에서 꽤 많은 부분이
소비할 수 있는 돈이다. 그러다 보니 10대 집단은 미국에서 가장
중요한 소비자가 되었다. 어쩌면 세계를 통틀어 가장 중요한 소비
자일 수 있다. 미국이 세계 경제에 끼치는 영향력이 크기 때문이
다. 하지만 늘 그렇듯이 강력한 힘에는 엄청난 책임이 뒤따른다.

　　911억 달러라는 엄청난 돈을 어디에 쓰느냐에 따라 세계 경
제에 어마어마한 영향을 미칠 수 있다. 기업은 여러분 같은 10대
를 주시하며 소비 패턴을 추적하고 있다. 여러분이 온라인에서
쇼핑하면, 소매상과 마케팅 회사와 데이터 수집업체는 쿠키 파
일이나 인터넷 사용자의 활동 내역을 기록하는 컴퓨터 코드 등

을 이용해 여러분의 검색어와 선호 대상, 구매 목록을 추적한다. 기업체 또한 소셜 미디어에 속한 코드를 통해 여러분이 '좋아하는 것'과 구매 목록을 주시한다. 따라서 여러분이 유기농 오일이나 식물로 만든 립밤을 사고 태양열 충전기를 산다면, 여러분이 좋아하는 건 바로 친환경 상품이라는 메시지를 보내는 것과 같다. 여러분이 돈으로 의사 표시를 하는 것이자, 지구에게 해를 끼치지 않는 물건을 가치 있게 여기고 그러한 물건을 원한다는 사실을 기업에게 알리는 셈이다. 또 농업과 제조업이 친환경적으로 이루어질 수 있도록 여러분이 기업을 북돋울 수 있는 방법이다.

이러한 메시지를 보내기 위해서, 소비자는 의식 있고 사려 깊은 결정을 내려야 한다. 하지만 참 힘든 일이기도 하다. 요즘은 새롭고, 재미있고, 값싼 상품이 우리 눈앞에 쉴 새 없이 쏟아져 나오는 세상이고, 친구들이 끊임없이 쇼핑하는 모습을 보지 않을 수 없기 때문이다. 광고는 우리가 텔레비전을 보든, 인터넷을 하든, 라디오를 듣든 언제나 우리를 에워싸고 끊임없이 쫓아다닌다. 뭔가를 사거나 소비하라는 메시지를 계속 듣다 보면, 그것은 고스란히 우리 마음속에 스며들어 소비 행동에 영향을 끼치기 마련이다.

의식 있는 소비를 하기란 늘 쉽지 않다. 하지만 우리가 친환경 상품에 돈을 쓰고, 되도록 적게 사고, 소박하게 살기로 마음먹는다면 세계가 더 밝은 미래로 나아가게 돕는 것이다.

/ 패스트 패션이 지구를 망치고 있다 /

H&M에서 5000원짜리 티셔츠와 1만 5000원짜리 바지를 사면 분명 신날 거다. 주말에 친구들과 놀이공원에 가려면 요즘 유행하는 스타일의 옷이 필요한데, 티셔츠와 바지를 고작 2만 원으로 해결한다면 좋아서 펄쩍 뛸 일이다. 하지만 유행하는 스타일의 티셔츠와 바지를 이렇게 저렴한 가격으로 내놓게 하는 경제 요인은 여러 방면에서 매우 파괴적이다.

최근 패스트 패션(또는 SPA 브랜드)이 의류 산업에서 대세를 이루고 있다. 패스트 패션이란 새로운 옷과 신발, 액세서리 등을 값싸고 빠르게 디자인하고, 생산하고, 판매하는 것을 말한다. 패스트 패션업체는 소비자의 요구를 정확하고 빠르게 파악하여 값싸면서 새로운 스타일의 옷을 최대한 빨리 소매상 판매대로 올려놓는다. 에스파냐의 대형 의류 브랜드인 자라는 패스트 패션 기술을 완벽히 활용한다. 발 빠르게 신상품을 계획하고 제작하여, 딱 5주 만에 매장에 내놓는다. 상품을 소비자 손에 빠르게 전달하면 할수록 의류업체는 돈을 더 많이 벌 수 있다. 여기에 맞추기 위해 옷을 제작하는 공장은 번개 같은 속도로 기계를 돌려야 한다. 여기에서 패스트 패션의 문제점이 시작된다.

환경에 영향을 끼친다 의류 산업은 지구상에서 두 번째로 환경을 많이 오염시키는 산업이다. 이것보다 더 많이 오염 물질을 만들어 내는 건 석유 산업뿐이다. 전 세계에서 배출되는 탄소 가운데 10퍼센트는 의류 공장 책임이다.

자주 입는 옷들을 꺼내 태그를 살펴보자. 태그에 옷을 만든 재료가 나와 있다. 여러분의 옷이 주로 아크릴, 나일론, 폴리에스 테르로 만들어졌는가? 이런 합성 섬유는 석유로 만드는데, 합성 섬유를 만드는 과정에서 환경을 오염시키는 화학 물질이 흘러나 와 공기와 물로 스며든다. 화학 물질은 공기 중으로 해마다 6800 억 킬로그램이나 되는 온실가스를 배출한다. 석탄을 태우는 발전 소 185개가 1년 동안 배출하는 양과 맞먹는다. 물론 면직물 같은 천연 섬유로 옷을 만들려고 해도 어마어마한 자원이 드는 건 사 실이다. 면 셔츠 한 벌 만드는 데 약 2700리터의 물이 필요한데, 이것은 한 사람이 2년 반 동안 마실 수 있는 양이다.

옷을 만드는 사람에게 영향을 끼친다 2013년 4월, 방글라 데시의 수도 다카에서 8층짜리 건물이 무너졌다. 돈을 덜 들여 무 척 빠르게 지어진 건축물이었다. 높은 층에 무거운 발전기가 설치 되어 있었고, 발전기가 작동할 때마다 건물이 흔들렸다. 이런 흔들 림 때문에 콘크리트 기둥에 금이 갔고, 결국은 건물이 폭삭 주저 앉고 말았다. 빌딩에는 의류 공장이 있어서 미국의 대형 소매상에 들어가는 제품을 생산하고 있었다. 빌딩이 무너지는 바람에 그 안 에서 일하던 공장 근로자 약 1110명이 죽었다. 이보다 앞서 2012

2013년, 방글라데시에서 건물이 무너져 입주해 있던 공장의 근로자 약 1110명이 한꺼번에 목숨을 잃었다. 이 열악한 건물에는 의류 공장이 입주해 있었고, 이 공장의 근로자들은 미국 대형 소매상에 보낼 싼 옷을 만드느라 형편없는 임금을 받으며 하루 종일 일했다.

년 11월에도 방글라데시의 한 의류 공장에서 불이 나서 근로자 112명이 죽었다. 의류 공장의 열악한 근무 환경이 근로자의 목숨을 앗아 가고 있다.

악순환은 다음과 같이 이어진다. 유명한 의류 브랜드는 제품을 싸고 빠르게 만들고 싶어 한다. 그래서 몇몇 공장과 계약을 맺으려고 하는데, 대개는 가난한 나라에 있는 공장을 알아본다. 그 중 가장 값이 싸고 가장 빠르게 상품을 만들겠다고 하는 공장과 계약이 이루어진다. 이런 곳은 이미 작업을 빠르게 하고 있는 공장인데, 더 빠르게 제품을 생산하기 위해서 공장주는 근로자들을 더욱 몰아붙인다. 심하게는 하루에 18시간 이상 일을 시키는 데도 있을 것이다. 공장주는 건물을 튼튼하게 짓거나 화재 안전 설비를 위해 돈을 쓰지 않는다. 공장 안의 공기가 깨끗한지, 화학 물질로부터 안전한지는 확인하지 않는다. 또한 근로자에게 적정 임금을 주거나 최저 생활 임금에 맞게 지불하지 않는다. 예컨대 방글라데시에서 의류 산업에 종사하는 근로자의 하루 임금은 고작 1.2달러(우리 돈으로 약 1400원)밖에 되지 않는다.

쓰레기 생산에 영향을 끼친다 미국인은 해마다 1300만 톤이나 되는 옷을 버린다. 한 사람당 36킬로그램에 해당한다. 이렇게 버려지는 옷 대부분이 재활용될 수 있는데도, 거의 모두 쓰레기 매립지로 보내진다. 그런데 합성 섬유로 만든 옷은 매립지에서 분해되는 데 수백 년이 걸린다. 게다가 작디작은 합성 물질 조각으로 분해되면서 환경을 오염시키고, 유독 가스를 배출한다.

바지 한 벌, 목걸이 하나 아낀다고 대단한 변화를 일으키지는 못할 거라고 생각할 수도 있다. 하지만 며칠, 몇 주, 몇 달, 몇 년 동안 물건을 구입하는 수백만 명의 소비자 수를 계산해 보자. 아직도 패스트 패션업체에서 파는 값싼 폴리에스테르 티셔츠를 사고 싶은가?

/ 어떻게 먹느냐가 우리를 만든다 /

집 저장실에 과자를 비롯한 주전부리가 가득하고 냉장고에는 싱싱한 야채와 과일이 꽉 들어차 있다면, 여러분은 참 운이 좋은 사람이다. 사실 세계에는 다양한 먹거리로 가득한 슈퍼마켓이 없는 곳에 사는 사람도 많다. 가난한 나라에서는 많은 이들이 굶주리거나 또는 굶어 죽는다. 세계에서 가장 부유한 미국에서조차 12퍼센트가 넘는 가정이 식량 부족을 겪는다. 다시 말해, 이들 가정은 영양가 있는 음식을 정기적으로 먹을 만한 돈이 없다는 뜻이다.

풍요로운 음식에서 비롯되는 두 번째 단계를 생각해 보자. 바로 음식물 쓰레기다. 미국의 4인 기준 가정은 해마다 대략 1600달러(우리 돈으로 약 200만 원)와 맞먹는 농산물을 버린다. 과일과 채소만 따져도 말이다! 미국 농무부는 각 가정이 장을 봐 온 식품 중 30~40퍼센트를 버리는 것으로 추정한다.

미국인은 음식 버리기 선수다. 버리는 음식 중에는 전혀 썩지 않았거나 아직 먹을 수 있는 것이 어마어마하게 많다. 엄청난 음식 쓰레기는 농장에서부터 나온다. 농부는 상품에 흠이 있거나 색이 변해 있으면 소비자가 싫어할 거라 믿고, 그런 상품은 수확하자마자 내다 버린다. 먹는 데 아무 문제 없고 영양가 많은 상품조차도 말이다. 심지어 수확하지 않고 그냥 밭에서 썩도록 내버려 두기도 한다.

제조사는 식료품 상태가 최고로 좋을 때 진열될 수 있도록

 식료품점에서는 종종 영양가 풍부한 채소나 과일을 멍이 들거나 흠집이 있다는 이유로 내다 버린다. 농장, 식당, 가정에서도 먹을 수 있는 멀쩡한 식재료를 버린다. 미니멀리스트는 늘 음식물 쓰레기가 생기지 않도록 신경 쓴다. 식재료나 식품을 먹을 만큼만 사고, 산 것은 다 먹고, 남은 것은 싹싹 긁어모아 퇴비로 쓴다.

포장에 유통 기한을 적는다. 이 날짜가 지나면 식료품 소매상이든 구매자든 식료품을 버린다. 하지만 대부분의 식료품은 유통 기한에서 며칠, 몇 주, 심지어 몇 달이 지나도 먹는 데 아무 이상이 없다. 식당에서 손님들은 아무렇지 않게 음식을 남기고, 주방에서는 팔지 못한 고기와 사용하지 않은 재료를 그냥 버린다. 미국 환경 보호국에 따르면, 쓰레기 매립지에 모인 음식의 15퍼센트가 식당에서 나온다고 한다.

이런 상황은 전 세계 어느 나라나 무섭도록 똑같다. 2011년, 국제 연합(UN, 세계 평화 유지와 인도주의 기구)의 산하 기관인 국제 식량 농업 기구는 인간이 소비하기 위해 만든 모든 음식의 약 3분의 1이 버려지는 것으로 추정했다. 이런 음식물 쓰레기는 특히 비극이다. 세계에서 7억 9500만 명이 음식을 충분히 먹지 못해 건강하고 활기찬 삶을 살지 못하고 있기 때문이다.

미국에서 생기는 음식물 쓰레기의 10퍼센트는 식료품점에서 나온다. 식료품점 관리자는 진열대가 언제나 풍성하게 꽉꽉 들어차 보이길 바란다. 그래서 실제로 팔 수 있는 양보다 더 많은 과일과 채소, 각종 식품을 구입해 놓는다. 관리자는 가게로 들어온 손님이 텅 빈 선반을 보면 자기 가게를 얕보고 다른 곳에 가서 장을 볼까 봐 두려워한다. 그래서 상품을 필요 이상으로 사고, 쉴 새 없이 선반을 다시 채우고, 날짜가 지났거나 흠 있는 상품을 매장에서 치운다. 슈퍼마켓의 농산물 코너에서는 과일과 채소를 종종 산처럼 쌓아 놓는다. 그러면 맨 밑에 깔린 과일이나 채소는 쉽게 뭉개지거나 멍이 든다. 그런 것도 먹는 데는 아무 이상 없지만, 직원은 정기적으로 골라서 버린다. 오직 먹음직스러운 상품만 진열하기 때문이다.

음식물 쓰레기를 유용하게 쓰는 소비자와 지역 단체도 있다. 이들은 버려진 음식으로 친환경 비료인 퇴비를 만든다. 음식물 쓰레기를 퇴비 통에 넣으면 통 속에서 썩어 퇴비가 된다. 퇴비는 농장이나 정원의 식물이 잘 자라도록 흙을 기름지게 해 준다. 퇴비는 유기물로 만들어졌기 때문에 식물에게 많은 영양분을 공급한다. 어떤 식당과 식료품점은 팔지 못한 음식과 식료품을 굶주린 사람들에게 나누어 준다. 하지만 팔리지 않은 음식과 식료품 가운데 어마어마한 양이 쓰레기 매립지로 실려 나간다.

퇴비 통으로 던져진 음식과는 달리, 쓰레기 매립지로 실려 간 음식은 썩어 갈 때 생태계에 이롭지 않다. 음식물 쓰레기는 낡은 페인트 통이나 사용하지 않은 가정용 세정액, 제대로 분리수거되지 않은 폐건전지처럼 독성 있는 비식품류와 한데 섞인다. 음식물 쓰레기가 매립지에서 썩을 때에는 온실가스인 메탄이 발생하는데, 메탄은 대기 중에 열을 가두는 데에 이산화탄소보다도 25배가 넘는 영향력을 발휘한다. 미국 환경 보호국이 내놓은 연구 보고에 따르면, 미국에서 배출되는 모든 메탄가스의 34퍼센트가 쓰레기 매립지에서 발생한다.

점심 급식에 나온 바나나가 먹고 싶지 않아서 식당 쓰레기 통에 던져 넣었다면, 여러분은 세계 기후 변화에 확실하게 한몫한 셈이다.

/ 교 통 공 해 는 기 후 에 영 향 을 끼 친 다 /

미니멀리즘은 우리가 무엇을 입고, 무엇을 먹을지에 대해 주로 얘기하고 있다. 그 두 가지에 돈이 술술 빠져나가고, 입이 쩍 벌어질 만큼 많은 쓰레기가 발생하기 때문이다. 그러나 이에 못지않게 A지점에서 B지점까지 이동하는 과정에서도 쓰레기가 발생하고 지구에 해를 끼친다.

어쩌면 이런 생각이 들 수도 있다. '미니멀리즘은 뭐든 줄이자는 거 아냐? 그렇지만 여기저기 가야 할 곳을 줄일 수는 없어. 날마다 다니는 일정한 경로를 마법처럼 짧게 줄일 수는 없다고.' 하지만 이동할 때에도 낭비를 줄이고 더욱 친환경적인 방법을 선택할 수 있다. 그럼으로써 다양한 방식으로 개인이 지구에 끼치는 해를 줄여 지구를 덜 괴롭힐 수 있다.

차량에서 나오는 배기가스가 더럽고 해롭다는 사실을 우리는 다 안다. 난방 장치를 빵빵하게 틀어 놓고 공회전을 하면 나쁘다는 사실도 안다. 이제 이런 사실을 안다고만 말할 것이 아니라 왜 나쁜지 원인을 짚어 보자. 우리가 공기 중으로 배출하는 온실가스의 4분의 1 이상은 자동차 배기관에서 나온다.

교통 공해 때문에 지구만 아픈 게 아니다. 지구에 사는 인간을 비롯한 모든 생명체들 또한 아프다. 먼저 인간에게 어떻게 해로운지 살펴보자. 배기관에서 내뿜어진 그을음과 금속 입자들은 우리 폐 깊숙한 곳에 침투한다. 배기가스 속에 떠다니는 산화질소는 폐를 자극하여 감염과 질병에 맞서 싸우는 세포와 조직들의 면역 체계를 무너뜨린다. 탄화수소와 일산화탄소 같은 오염 물질

도로를 따라 자동차가 꼬리에 꼬리를 물고 이어져 있다. 연료로 휘발유를 태워 움직이는 차량은 공기 중에 오염 물질을 내뿜는다. 그 가운데 온실가스인 이산화탄소는 기후 변화를 일으키는 주요인이다.

은 폐를 손상시키고 온몸을 순환하는 산소의 흐름을 방해한다. 공기 오염은 또한 폐암과 방광암을 일으킬 수 있다.

　이런 실정이니 다른 지역에 있는 할머니 댁까지 자전거를 타고 가라거나, 집에서 멀리 떨어진 학교까지 날마다 걸어서 가라고 말하는 것은 아니다. 다만, 걸어갈 만한 짧은 거리나 자전거를 탈 수 있는 거리인데도 자동차나 버스로 가고 싶을 때 한 번만 더 생각해 보자는 뜻이다. 완전히 끊을 생각은 말고, 줄일 방법을 생각해 보자.

/ 값 싼 가 구 도 해 롭 다 /

새 옷이나 탁상용 스탠드에 돈을 쓰지 않는 사람이라도, 자기 방에 두는 가구와 이런저런 장식품에는 관심이 많을 수 있다. 의류 산업과 마찬가지로, 가구 산업 또한 값싼 상품으로 이윤을 추구하려는 욕심에 끝없이 이끌린다.

의자를 만들 때 쓰이는 천에 내연제가 들어가듯이, 일반 가구를 만들 때에도 내연제 같은 위험한 화학 물질을 쓴다. 공장 근로자가 보호 장비를 입지 않는다면 그런 화학 물질에 노출돼 병들 수 있는데, 수많은 가난한 나라의 공장에는 이런 보호 장비가 없다. 소비자도 그런 화학 물질 때문에 병에 걸릴 수 있다. 상품에 쓰인 내연제는 기억력에 문제를 일으킬 수 있고, 암을 비롯해 여러 질병과 연관되어 있다. 의류 공장과 마찬가지로, 많은 가구 공장 또한 부실하게 지어진 건물에 들어가 있다. 불과 위험한 기계들은 근로자에게 또 다른 위험 요소다.

여러분 방의 커튼, 이불, 쿠션 들은 거의 대형 할인점에서 사왔을 것이고, 대형 할인점은 바다 건너 먼 나라에 있는 공장에서 이 물건들을 싼값에 사 온다. 바다 건너 먼 나라에 있는 이들 공장에서는 근로자가 하루 18시간씩 일하면서 평균 이하의 임금을 받는 일이 많다.

근로 조건도 근로 조건이지만, 가정에서 가구와 가정용품의 재활용이 가장 낮다는 게 더 큰 문제다. 의자나 사진틀이 부서지면 대부분은 고쳐 쓰지 않고 쓰레기로 휙 버리고 다시 산다. 차라리 물건을 버려서 생긴 공간을 산뜻하게 비워 두는 것이 어떨까? 물건을 새로 사들이기보다는 말이다.

/ 물 건 = 스 트 레 스 /

물건이 산더미같이 쌓여 있고 아무렇게나 어질러진 환경에서 사는 사람은 기분이 비참해진다는 여러 연구가 있다. 미국 프린스턴 대학교 신경 과학 연구소는 물건이 꽉 들어찬 방에 있는 사람은 아무리 집중하려 해도 과제를 끝내기 힘들어한다는 점을 알아냈다. 캘리포니아 대학교 로스앤젤레스 캠퍼스의 연구원들은 로스앤젤레스에 있는 32개 가정을 연구한 결과, 주부들이 물건을 사고, 치우고, 재배치하고, 관리하는 데 시간을 많이 쏟을수록 사람을 불안하게 만드는 체내 화학 물질인 스트레스 호르몬이 증가한다는 사실을 발견했다. 같은 연구에서 연구 가정의 75퍼센트가 주차할 때 집 앞이나 도로에 차를 세워야 한다는 것을 알았다. 차고 안이 온갖 물건으로 발 디딜 틈 없이 어질러져 있었기 때문이다.

　　물건을 구입하고, 자랑하고, 처박아 두고, 그러다 내다 버리는 과정을 반복하고 있다면, 지금이야말로 미니멀리즘을 받아들여야 할 가장 알맞은 때이다. 미니멀리스트 대열에 합류하는 것

잡동사니는 공간만 어지럽히는 게 아니다. 정신도 혼란스럽게 해 집중력을 떨어뜨린다.

은 대세를 따르는 것 이상이다. 소박한 삶은 우리의 기분을 더 좋게 만들고, 지구의 미래에도 바람직한 영향을 끼친다.

지금까지 살펴본 대로 미니멀리스트가 되어야 하는 이유는 충분하다. 이제 미니멀리스트가 되는 방법을 파고들자.

미니멀리스트를 만나다 :
오웬 레이더

오웬은 열네 살의 미니멀리스트다. 오웬은 이미 열세 살 때 미니멀리즘을 삶의 방식으로 받아들였다. 미니멀리즘에 관해 오웬의 생각을 들어 보자.

왜 자신을 미니멀리스트라고 생각하는가?
소지품을 주로 단순하면서도 손에 닿기 쉽도록 정리하려고 애쓴다. 이렇게 하면, 펜하나 찾으려고 장난감이나 충전기로 뒤덮인 책상을 헤집을 필요가 없다. 미니멀리스트는 그냥 적게 소유할 뿐만 아니라 정리도 잘해야 한다고 생각한다.

날마다 덜 가지고 사는 방법으로 무엇이 있는가?
그 문제를 별로 생각하지는 않는다. 내 생각에는, 내가 이미 가진 것이 많다는 사실에 아주 행복해하는 경지에 이른 것 같다.

미니멀리스트로 살아갈 때 가장 힘든 점은?
오랫동안 가지고 있던 많은 물건 가운데 나에게 가장 중요한 게 무엇인지를 결정하는 일이 가장 힘들다. 사실은 전부 다 중요해 보이는데 말이다.

미니멀리스트로 살면서 재미있고, 보람차고, 멋진 점이 있다면?
그저 많이 가지지 않는다는 점이 진짜 보람차다. 쓰지도 않는 쓸모없는 물건을 수두룩하게 가지고 있다면, 그리고 그런 물건들이 여러분의 공간을 고스란히 차지하고 있다면 감옥에 갇힌 느낌이 들 거다. 많이 가지지 않으면 자유로워서 굉장히 좋다.

지구에 해를 덜 끼치고 싶은데 어디서부터 시작해야 할지 모르는 사람
이 있다면 어떤 조언을 해 주겠는가?
작은 일부터 시작하자. 구석구석 살펴보면 그동안 가지고 있었는지도 몰랐던 작고
사소한 물건들이 수두룩하게 있을 거다. 이런 물건만 치워도 큰 차이가 난다. 한번
시작하면, 그다음은 식은 죽 먹기다!

제 3 장

미니멀리즘
시작하기

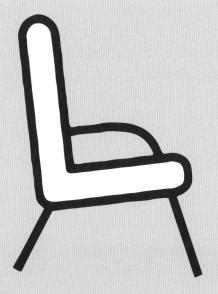

헌 옷을 사기 위해 수많은 사람들이 몰려든 케냐의 수도 나이로비에 있는 기콤바 시장 모습. 미국, 유럽을 비롯해 세계 여러 나라에서 기부된 헌 옷 가운데 어마어마한 양이 아프리카에서 재판매된다.

현재 가지고 있는 물건이 죄다 필요 없을지도 모르지만, 그래도 몇 가지는 필요하다. 만약 지구상에 알려진 미니멀리스트 중에서 최고가 되겠다는 열망에 사로잡혀 물건 대부분을 단기간에 없애 버린다면, 크게 후회하게 될 것이다. 아마도 없앤 물건 가운데 몇 가지는 다시 사야 할 테고, 또 몇 가지는 그립기도 할 거다. 그러다 보면 화가 치솟아 결국 소박하게 살겠다는 생각을 접어 버릴지도 모른다.

입을 만한 옷을 내버리고, 쓸 만한 가구와 전자 제품을 쓰레기통에 버리는 것이 환경을 위한 행동이 아님을 여러분은 잘 알 것이다. 그렇지만 그런 물건을 중고품 가게나 헌 옷 가게, 자선 단체로 보낸다고 해서 곧바로 새로운 주인에게 가는 것도 아니다. 사람들은 종종 형편없는 물건을 자선 단체에 기부한다. 자선 단체는 아무도 받고 싶어 하지 않는 가구와 고장 난 전자 제품을 쓰레기 매립지로 보낼 수밖에 없다.

옷은 조금 다르게 흘러간다. 헌 옷이 물밀듯이 쏟아져 들어오면서, 중고품 가게는 헌 옷을 처리할 방법을 찾았다. 중고품 가게는 넘치는 옷 일부를, 헌 옷으로 단열재나 카펫 충전재 등을 만드는 회사에 판다. 그리고 나머지는 재판매되도록 배에 실어 바다 건너로, 주로 아프리카로 보낸다.

미국은 해마다 4억 5000만 킬로그램이 넘는 헌 옷을 수출한다. 이렇게 어마어마한 양은 아프리카 사하라 사막 남쪽에 있는 나라들의 헌 옷 시장으로 간다. 이런 상황이 바람직하게 보일지도 모르지만, 아프리카 소비자들이 미국에서 버린 엄청나게 많은 헌 옷을 싼값에 사면 아프리카의 의류업체는 값으로 경쟁할 수가 없다. 그래서 아프리카의 많은 의류업체가 버티지 못하고 폐업을 하고 있다.

/ 버 린 물 건 은 어 디 로 갈 까 ? /

자선 단체는 여러분이 보낸 헌 옷을 모조리 팔 수가 없다. 그래서 헌 옷을 기부할 때는 세심히 살펴서 결정해야 한다. 찢어지고, 얼룩지고, 모양새가 손쓸 수 없을 만큼 망가진 것은 자선 단체에서 다시 팔지 못할 가능성이 높다. 그러니 그런 것들은 다른 쓰임새가 생기거나 재활용할 때를 기다리며 한쪽으로 치워 두자. 살짝 유행이 지났거나, 내 몸에 맞지 않지만 여전히 상태가 좋은 옷들은 기부할 후보로 훌륭하다. 이러한 기준은 전자 제품, 가정용품, 예술 작품, 그 밖의 물품에도 적용된다.

중고품 위탁 판매점은 여러분의 물건이 갈 새 집을 찾아 주는 또 하나의 멋진 장소이면서, 보너스로 여러분 주머니에 돈을 조금 집어넣어 준다! 대부분의 중고품 위탁 판매점은 옷을 주로 취급하지만, 때때로 가구, 장신구, 예술 작품을 취급하기도 한다. 중고품 위탁 판매점이 여러분이 가져간 물품을 받아서 실제로 판매로 이어지면, 이익금의 일부가 여러분에게 돌아간다. 하지만 판매점은 무엇을 사들일지 까다롭게 살핀다. 흠이 없는 데다 최근에 산 옷이어야 판매점이 곧바로 사들이고 또 판매로 이어진다. 자신의 물건을 버리기로 마음먹었든 아니든, 먼저 다음 두 가지 중요한 질문을 자신에게 해 보자.

- 이 물건은 기부할 만한가, 또는 정말 다시 사용할 수 있을까? 중고 물품을 받는 단체나 개인이 여러분의 집과 지리적으로 가까우면 가까울수록 더욱 의미 있는 기부가 된다.

- 물건을 중고품 위탁 판매점에 맡기지 않고 직접 줄 곳을 찾을 수 있는가? 중고품 가게도 식료품점처럼 팔지 못한 물건을 종종 쓰레기 매립지로 보낸다. 따라서 여러분이 버린 물건이 확실히 새로운 삶을 누리게 하려면, 누

군가에게 직접 건네야 한다. 학교 행사에 내놓거나, 친구와 바꾸거나, 여러분이 버리려는 물건을 가져다 사용할 사람이 있을지 온라인 동호회에 물어보자. 또는 여러분이 버리려는 옷을 어떻게 활용할지 가까운 사람들과 이야기 나눠 보자.

물론 애초부터 물건을 막 사들이지 않는 것이 가장 바람직하다. 물건을 사려고 할 때마다 정말 필요한 물건은 무엇이고 사고 싶은 물건은 뭔지 따져 보자. 뭔가를 사기 전에 그 물건을 재활용할 수 있을지, 다른 쓰임새를 찾을 수 있을지, 새 물건을 들이려고 공간을 비워야 할 때 흔쾌히 기부할 수 있을지를 생각해 보자. 별로 필요하지 않은 물건은 구입을 미루거나 아예 사지 않도록 한다. 결국 여러분이 계속 간직하고 싶을 만큼 쓸모 있고 사랑스러운 물건만 구입하고 금세 버릴 물건은 사지 않도록, 물건을 어떻게 균형을 맞추고 우선순위를 매겨서 살지 비판적으로 따져 보는 게 중요하다.

이렇게 책임감을 가지고 물건을 최소화해서 사는 게 쉽지는 않다. 하지만 나 한 사람의 행동이 미칠 영향력을 과소평가하지 말고 가장 우선해서 생각하면 구매를 결정하는 일이 한결 쉬워질 것이다. 사기 전에 꼭 생각해 보고, 기부하기 전에 꼼꼼히 조사해 보자.

/ 책임감 있게 물건을 버리는 방법 /

잡동사니를 처리하는 아주 좋은 방법이 몇 가지 있다. 자신에게 잘 맞는 방법이나 집 가까이에 있는 가게를 선택한다. 어쩌면 잡동사니를 치울 때 친구를 비롯해 가까운 사람의 도움을 받아야 할 수도 있다. 때로는 무엇을 간직하고 무엇을 정리할지 다른 사람의 의견도 들어 보고 결정한다.

온라인 중고 매장을 이용한다 팔 만한 옷이 있는데 집 근처에 중고 위탁 판매점이 없다면 온라인 중고 매장의 문을 두드려 보자. 업체가 여러분이 올릴 옷을 판매할 만하다고 결정하게 되면 사진을 찍어 판매할 목록으로 온라인에 올린다. 만약 판매까지 이뤄지면 판매 금액의 일부를 여러분이 벌 수 있다! 판매할 목록을 정하기 전에 온라인 중고 매장의 이용 약관을 꼼꼼히 읽어 보자. 이용 약관은 소비자가 어떤 재화나 서비스를 이용하기 위하여 업체와 맺는 계약이다. 내용에 궁금한 것이 있다면 부모님에게 물어보고 도움을 받자.

온라인 중고 매장이 성장하면서 여러분이 직접 중고 물품을 새로운 주인에게 보낼 수 있는 길도 열렸다. 여러분이 손수 사진을 찍고, 직접 상품 설명을 적고, 자신의 품목을 관리해야 하지만, 판매가 이루어진 뒤에는 위탁해서 물건을 팔 때보다 여러분이 가져가는 이익금이 훨씬 많다.

옷 교환은 세 가지 측면에서 매우 바람직하다. 사람들은 더는 몸에 맞지 않거나 안 입는 옷을 처분하고, 헌 옷이지만 마음에 드는 새로운 옷을 가져간다. 그럼으로써 버려지는 옷이 전혀 없다.

벼룩시장을 이용한다 옷을 비롯해 책, 전자 제품, 장식품 등 버리려는 물건이 꽤 있다면, 적당한 장소를 찾아 직접 벼룩시장을 열어 보자. 동네 게시판 등을 이용해서 벼룩시장 광고 전단지를 붙인다. 지역 사회 매체를 이용해 벼룩시장을 광고하는 것은 물건을 효과적으로 팔면서 이웃도 만날 수 있는 훌륭한 방법이다!

팔 물건이 많지 않다면 몇몇 친구들과 의논하여 처분할 물건을 한데 모아서 판다. 지역마다 정기적으로 벼룩시장이 열리는 데도 있다. 자기가 사는 지역이나 아파트 단지에서 언제 벼룩시장이 열리는지 확인해 보자. 이런 벼룩시장에 참여하면 따로 광고하지 않고도 손쉽게 물건을 팔 수 있다.

친구들과 옷을 교환한다 친구들을 집으로 불러서 음악을 크게 틀어 놓고 서로 가져온 옷을 꺼내 놓아 보자! 여러분과 친구들이 서로 옷 치수나 체형, 스타일이 다른 점은 걱정하지 않아도 된다. S사이즈를 입는 친구가 너무 커서 못 입는 옷을 가져왔는데, M사이즈인 여러분의 마음에 쏙 들 수 있다. 또는 반대로, S사이즈인 친구가 헐렁하고 편하게 입고 싶어서 큰 사이즈의 옷을 찾을지도 모른다. 마음을 열고 실험을 즐겨 보자.

소셜 미디어에 올린다 블로그나 인스타그램에도 여러분이 팔려는 품목의 설명을 올릴 수 있다. 판매할 물건의 목록을 자유롭게 만든다. 그런데 여러분의 판매에 지나치게 관심을 보이는 낯선 사람과 만날 때는 조심해야 한다. 여러분이 판매를 하기 전에 개인 안전을 보호하는 정책을 웹사이트에서 찾아서 미리 읽어 보자. 그리고 부모님이나 믿을 만한 어른에게 여러분이 판매하는 품목을 알린다. 돈을 벌 목적으로 참여하는 게 아니라면, 무료 나눔도 생각해 보자. 무료로 받고 싶은 품목과 무료로 주고 싶은 품목을 올리는 온라인 네트워크도 있다.

지역 사회 단체를 이용한다 중고품 가게는 대부분 자선 단체와 연계되어 있다. 이런 곳에서는 중고 물품을 팔고 나서 수익금 일부를 도움이 필요한 사람들을 위해 쓴다. 하지만 필요한 사람에게 물건을 직접 건네줄 수도 있다. 자신이 사는 곳에 있는 동주민 센터에 연락해서 가까이에 있는 노숙자 쉼터나 보호소, 또는 생활이 어려운 사람들을 알아본다. 그들에게 가장 필요한 옷이나 물품이 무엇인지 물어보고, 그중에 자신이 줄 수 있는 물건이 있다면 가져다준다. 지역의 여러 종교 단체에서도 어려운 사람들에게 직접 도움을 주거나 자체적으로 바자회 등을 연다. 그러니 이런 단체에 연락해서 중고 물품을 받는지 문의해 본다.

전자 제품은 재활용 수거 센터로 보낸다 컴퓨터, 스마트폰, 텔레비전 속에는 독성이 있는 금속이 들어 있다. 따라서 낡은 기기를 무턱대고 쓰레기로 버리면 안 된다. 하지만 어떤 사람들은 규칙을 어기고 낡은 전자 제품을 쓰레기 봉지에 넣어 내다 버린다. 낡은 전자 제품이 쓰레기 매립지로 가면, 쓰레기는 전자 제품 금속에서 흘러나온 독성으로 범벅이 되어 더욱 해로워진다. 전자 제품이 소각로에서 태워진다면, 독성이 가스 형태로 공기 중에 섞일 것이다. 가장 바람직한 방법은, 여러분이 쓰던 낡은 노트북이나 휴대 전화를 받아서 쓰려는 사람을 찾는 것이다. 만약 기기가 더는 사용할 수 없는 상태라면, 이를 안전하게 재활용할 만

인도 돕스펫에 있는 근로자들이 낡은 컴퓨터에서 여러 장치들을 분해하는 모습. 전자 제품에는 독성이 있는 금속과 화학 물질이 들어 있으므로 조심스럽게 재활용해야 한다.

한 곳을 찾아야 한다. 지역마다 대부분 전자 제품 재활용 수거 센터가 있다. 자신이 사는 지역의 정부 기관 웹사이트를 확인하거나, 동 주민 센터에 전화해서 낡은 전자 제품을 재활용하는 방법이 있는지 물어보자.

미니멀리스트를 만나다 :
사라 본 바겐

사라 본 바겐은 사람들이 스트레스를 덜 받고, 더 생산적인 삶을 살도록 돕기 위해 yesandyes.org 블로그를 운영하는 라이프 스타일 블로거다. 또한 경험 많은 세계 여행가이자, 중고 매장에서 값싼 물건 고르기의 귀재이며 미니멀리스트다. 미니멀리즘에 관해 사라의 생각을 들어 보자.

왜 자신을 미니멀리스트라고 생각하는가?

솔직히 말하면, 남들이 나를 '미니멀리스트'라고 부르기 전까지 내가 그런 사람이라고 생각하지 않았다. 나는 그저 내가 사용하지 않고 좋아하지 않는 물건을 계속 가지고 있을 생각을 안 했을 뿐이다. 몇 년 전에 친구들이 내 옷장과 선반을 본 뒤 '미니멀리스트'라는 말을 꺼냈다. 나는 내가 이해하는 방식대로 선택하고 살아갈 뿐이다. 미니멀리즘을 지지하는 방식으로 사는 건 틀림없다.

날마다 덜 가지고 사는 방법으로 무엇이 있는가?

나는 커피숍에 갈 때마다 휴대용 머그잔을 가져간다. 자동차에는 개인 물병을 싣고 다니고, 장을 볼 때에도 장바구니를 챙겨 간다.

미니멀리스트로 살아갈 때 가장 힘든 점은?

이따금 내게 비난하는 말을 던지거나 방어적으로 쏘아붙이는 사람이 있다. 뜻밖에도 많은 사람들이 나에 대해 이러쿵저러쿵 말하거나, 내 선택을 자신들에게 강요한

다고 여기는 것 같기도 하다. 나는 남들이 어떤 선택을 하고 사는지 신경 쓰지 않는
다. 청바지 75벌을 가지고 싶다면, 그건 그 사람 마음이다!

미니멀리스트로 살면서 개미있고, 보람차고, 멋진 점이 있다면?
자신이 정말 좋아하는 것만 가지고 살아도 삶이 백만 배는 더 쉬워진다. 뭘 입을지
고민하는 시간이 줄고, 물건을 찾는 시간이 줄고, 치우는 시간이 줄고, 새것을 사기
위해 일해야 하는 시간이 줄어든다.

**지구에 해를 덜 끼치고 싶은데 어디서부터 시작해야 할지 모르는 사람
이 있다면 어떤 조언을 해 주겠는가?**
상자를 들고, 집 안의 한 장소로 가 보자. 한 번에 물건 하나를 들고 생각해 보자. 그
물건을 지난 1년 동안 한 번도 사용하지 않았다면, 또 그 물건을 대하는 내 마음에
아무런 동요가 일지 않는다면 그것은 나에게 더 이상 가치가 없는 것이다. 이제 상
자에 넣어 기부하기로 하자!

제 4 장

물건을 살 때
알아야 할
미니멀리스트의 자세

중고품을 사는 것은 미니멀리스트의 똑똑한 선택이다. 중고품을 사면 값이 싸서 좋고, 물건을 쓰레기 매립지로 보내지 않고 두 번째 생명을 갖게 해서 보람 있다.

의견이 똑 부러지고 생각이 분명한 사람들은 미니멀리스트 로서 살아가는 삶에 이끌리게 마련이다. 미니멀리스트 중에는 자신이 추구하는 미니멀리즘이 가장 소박하고 책임감 있게 살아 가는 방식이라고 믿는 사람도 있다. 그런 사람들에게 주눅 들지 않아도 된다. 미니멀리스트가 되는 길은 단 한 가지만 있는 게 아니다.

여러분이 가지고 있는 물건을 줄이고 싶은데 옷장에서 스무 가지 이하로 옷을 줄일 수가 없다면, 그래도 괜찮다. 여러분이 지 구 환경에 도움을 주기로 마음먹었더라도, 유기농 농산물이나 천 연 재료 또는 유기농 섬유로 만든 옷은 비싸서 못 살 수도 있다. 간소하게 살고 싶은 이유가 너무 많은 물건에 치여서든, 지구를 보호하고 싶어서든, 그 밖의 다른 이유에서든, 가지고 싶은 것은 지녀도 된다. 여러분의 삶과 소유물을 간소화하기 위해 선택할 수 있는 방법은 수없이 많다. 쉽고, 실천 가능하고, 돈이 많이 들지 않는 방법으로 말이다. 자신에게 맞지 않는 방법은 과감히 무시하고, 자신에게 잘 맞는 방법을 고르자. 그리고 이제 막 꽃피운 미니멀리스트로서 여러 방법을 자기 특성에 맞게 변형해 보자.

/ 멋 을 놓 치 지 않 는 옷 입 기 /

패션은 언제나 어렵다. 하지만 옷, 신발, 액세서리를 미니멀리스트답게 사고 쓰레기도 줄이는 방법을 분명히 찾을 수 있다. 다음에 몇 가지 방법을 소개한다.

<u>**중고 의류를 산다**</u> 주변을 잘 살펴보면 물건을 깔끔하게 정리해 놓고 파는 중고 매장을 발견할 수 있다. 만약 중고 매장이 전혀 없는 지역에 살고 있다면, 중고 의류를 취급하는 웹사이트를 찾아보자. 중고 매장을 이용하는 것은 가진 옷을 처분하고 필요한 옷을 사는 현명한 방법이다.

중고 매장에서 쇼핑하는 것은 미니멀리스트가 되는 첫걸음이다. 중고 의류는 기본적으로 재활용되는 옷이므로, 중고 의류를 사면 패스트 패션 시스템을 살찌우지 않는다. 더욱이 누군가 버린 옷에 두 번째 생명을 갖게 함으로써 그런 물건을 만드는 데 들어간 연료와 섬유와 인간 노동의 가치를 몇 배는 더 오래 지속

시킬 수 있다.

중고 의류 매장에 가면 엄청나게 다양한 옷을 만날 수 있다. 남들이 신상품을 파는 백화점이나 의류 매장에서 그때그때 유행하는 똑같은 옷을 살펴보고 있을 때, 여러분은 중고 매장에서 몇 계절이나 몇 년, 심지어 십 년 이상 묵은 옷들을 만나는 거다! 파격적이고, 눈길을 사로잡는 빈티지한 옷들을 지금 여러분이 입고 있는 옷과 어우러지게 걸치고 세련미를 뽐내 보자. 중고 매장을 이용하는 것은 부담 없는 가격으로 나만의 독특한 스타일을 창조하는 길이다.

물론 모든 옷을 중고로 사 입을 필요는 없다. 속옷은 중고품으로 입지 않는 게 좋다. 중고품을 살 때는 주로 재킷이나 조끼, 외투처럼 겉에 입는 옷을 고른다. 중고로 사기에 좋은 또 다른 품목은 가방, 지갑, 장신구, 시계, 머플러 같은 것이다. 점차 안목이 생기면 해어진 청바지, 그래픽 디자인이 강렬한 티셔츠, 귀여움이 넘치는 복고풍 원피스도 고를 수 있다. 중고 매장에 오는 물건 중에는 완전 새것도 있다. 이처럼 중고품으로 사는 것은 알찬 소비이면서 지구 환경에도 도움을 주는 셈이다.

옷을 수선해 입는다 얼룩진 티셔츠와 팔꿈치가 해어진 재킷은 자선 단체에 기부할 수도 없다. 그렇다고 이런 옷을 쓰레기 매립지로 곧장 보내야 한다는 것은 아니다. 특히 오랫동안 좋아

했던 옷이라면 말이다. 해어진 옷은 수선을 해서 수명을 연장시킨다. 창의력을 발휘해서 원래 옷과는 정반대 느낌을 주는 천이나 실로 재미나게 수선하면, 아예 새 옷으로 탄생할 수 있다. 자신이 가진 물건을 되도록 오래 쓰는 것이 미니멀리스트로 사는 삶의 핵심이다. 수선 방법으로 다음 몇 가지를 소개한다.

- 색이 바랬거나 얼룩이 살짝 묻은 옷은 염색한다. 원래 옷 색깔보다 더 진한 색으로 염색하는 것이 좋다. 염료는 시중에서 구할 수 있다.

- 흰색 옷이 얼룩졌다면 표백한다. 표백제는 독성을 가진 화학 물질이므로 어른에게 도움을 받아 작업한다.

- 닳아 버린 팔꿈치와 무릎, 찢어진 주머니에는 천을 덧댄다. 원래 옷과 대비되는 천 조각을 잘라 꿰맨다. 또는 다리미 패치를 사용해도 좋다. 해어진 장갑이나 모자, 스웨터를 수선할 때는 꿰매거나, 뜨개질을 하거나, 코바늘뜨기 같은 창의적 방법으로 수선한다.

- 옷에 단추를 새로 단다. 단추 다는 방법을 모른다면 간단히 설명해 놓은 유튜브를 찾아보자.

- 바느질을 할 줄 안다면 풀린 실밥, 터진 솔기, 또는 더 복잡한 수선이 필요

한 부분을 손으로 직접 하거나 개봉틀로 손본다. 개봉틀이 집에 없다면, 친구나 친척에게 빌릴 수도 있을 것이다. 주변에 장비를 공유하는 작업 공간이 있는지도 찾아보자.

직접 수선하기 어렵다면, 수선집의 전문가에게 맡긴다. 하지만 전문가라도 수선하기 어렵거나 비용이 많이 들 수 있다. 굉장히 멋지지만 치수가 지나치게 큰 원피스를 고쳐 입으려 한다면 다시 생각하길 바란다. 옷을 뜯어 고치는 일은 수선하는 사람에게는 옷을 완전히 새로 만드는 것이나 마찬가지고, 비용과 시간도 많이 든다.

수선집에 맡기기 전에 알아 둘 사항은 다음과 같다.

- 수선집에서 바짓단을 늘이거나 줄일 수 있다. 치맛단도 마찬가지다.

- 수선집에서 망가진 지퍼를 새로 바꿔 달 수 있다. 사실 지퍼를 새로 다는 것은 어렵지 않다. 지퍼 다는 방법을 유튜브에서 찾아 직접 달아 보자.

- 솜씨 좋은 수선집에서는 구멍 난 스웨터도 감쪽같이 기울 수 있다. 이런 작업은 때로는 몹시 어렵기 때문에 수선집에 가기 전에 먼저 수선이 가능한지 전화로 알아보자.

- 최근에 체형이나 사이즈가 바뀌었다면, 수선집에서 여러분이 즐겨 입던 옷을 현재 체형에 맞게 고칠 수 있다. 약간 줄어든 허리나 헐렁한 느낌이 드는 소매는 수선할 수 있다. 이런 이유로 옷을 새로 살 필요는 없다. 일반적으로 커진 옷을 줄이기는 어렵지 않은데, 작아진 옷을 늘이기는 훨씬 어렵다.

- 신발 굽이나 바닥이 닳았을 때 신발 수선 가게에서 굽과 밑창만 새로 갈 수 있다. 미끄럼 방지용 밑창을 덧댈 수 있는지 물어보자. 신발을 더 오래 신을 수 있는 방법이다.

- 가죽 수선 가게에서는 가죽 제품을 다룬다. 걸쇠가 고장 났거나 끈에 문제가 생긴 가죽 가방, 솔기가 닳은 가죽 재킷 따위를 수선할 수 있다. 가죽에 얼룩이 묻었거나 색이 바랬다면 염색도 할 수 있다.

- 귀금속도 손볼 수 있다. 시계의 배터리를 갈고, 빠져 버린 보석을 끼워 넣는다. 귀걸이, 목걸이, 반지, 팔찌에 생긴 거의 모든 문제를 수선할 수 있다.

업사이클링해서 새롭게 활용한다　업사이클링은 손상됐거나 해어진 옷, 또는 오래된 물건을 새롭게 디자인하거나 활용도를 더해 가치 있는 새 제품으로 만드는 것을 뜻한다. 원피스 가슴 부분에 얼룩이 묻었다면 스웨터를 위에 걸쳐 입고 스커트를 부각

옷이 찢어졌다는 이유로 바로 내버릴 필요는 없다. 꿰매거나 다른 용도로 고쳐 쓰면 된다.

시켜 보자. 옷장에서 굴러다니는 운동복 상의는 앞부분을 세로로 자르고 끝에 단 처리를 한 다음, 한쪽 면에 번쩍이는 단추를 달면 귀여운 재킷으로 변신한다. 커다란 얼룩이 있는 낡은 가죽 재킷은 토트백이나 백팩으로 만든다. 얼룩투성이가 된 티셔츠는 다림질 패치나 패브릭 마커로 꾸민다. 오래된 티셔츠와 스웨터는 포근한 베개로도 만들 수 있다. 가능성은 끝이 없다.

　업사이클 관련 블로그를 참고하여 좋은 아이디어를 내 보자. 이들 블로그에서는 집을 꾸미고 예술품을 만드는 것뿐만 아니라 옷을 고쳐 새롭게 만드는 방법도 알려 준다.

구매할 제품을 만든 회사를 조사한다 미니멀리즘은 물건을 적게 사는 삶을 뜻하지만, 보통은 물건을 덜 사는 삶을 뜻한다. 그래도 어쩔 수 없이 옷을 사야 할 때는, 친환경 섬유(유기농 면, 리넨, 대나무)를 사용하고 근로자를 정당하게 대우하는 회사의 제품을 고른다.

수많은 회사가 제품을 홍보할 때 '지속 가능성'이란 표현을 쓴다. 지속 가능성은 21세기에 들어서 유행처럼 번진 용어로, 환경 파괴 없이 세계가 지속될 수 있음을 뜻한다. 지속 가능성은 대체 연료를 사용하는 것부터, 유기 농법을 쓰고 근로자의 권리를 보호하는 문제까지 아우른다. 지속 가능성이라는 말을 광고나 홍보 글에 꼼꼼히 적어 놓은 회사는 환경 문제에 의식이 있는 브랜드라는 느낌을 준다.

최근 친환경이 대세이다 보니, 기업들은 친환경을 지지하는 것이 회사 이미지를 좋게 만든다는 사실을 잘 안다. 그래서 기업들은 '우리 회사는 지속 가능한 사회를 만들기 위해 더 열심히 일합니다.' 또는 '안전한 공장 환경을 최우선으로 여깁니다.' 같은 표현을 흔히 쓴다. 하지만 이런 표현만 봐서는 기업이 무엇을 하고 무엇을 하지 않는지 알 수 없다. 사실, 지속 가능성을 내세우는 기업 가운데 공장 환경이 안전하지 않다는 의혹을 여러 번 받은 곳도 있다.

기업이 주장하는 사실에 의지하기보다, 기업과 별개로 독자적인 평가 사이트를 참고하자. 랭크어브랜드rankabrand.org는 네덜란드의 웹사이트로, 지속 가능성을 내세우는 브랜드를 조사하여 결과를 분석한다. 또 기업 브랜드가 정말 친환경적인지를 밝히는 사용자 보고서를 만들고 순위를 매긴다. 회사 순위를 매기기 전에 각각의 브랜드가 기후 변화와 환경에 미치는 영향, 근로 조건을 조사한다. 스마트폰 앱인 굿온유goodonyou.eco에서는 어떤 기업이 윤리적인 경영을 지속적으로 해 나가고 있는지 확인할 수 있다.

미니멀리스트로서 정보에 환하면 지속 가능한 제품을 찾는 데 도움이 된다. 그러면 의식 있는 훌륭한 업체와 오래도록 입을 수 있는 옷에 돈을 쓰게 된다. 안전하지 못한 환경에서 힘들게 일하는 근로자들이 값비싼 옷을 만들어 내는 데가 있는가 하면, 저렴한 제품을 만드는 회사지만 근로자들을 제대로 대우하고 유기농 섬유를 쓰는 데도 있다. 비싸다고 다 좋은 건 아니고, 싸다고 반드시 나쁜 것도 아니다. 확실한 정보를 바탕으로 구매를 결정하는 습관을 들여 보자.

가진 옷을 끝까지 잘 입는다 아마도 여러분은 합성 소재로 만든 옷과 패스트 패션 공장에서 나온 옷을 몇 벌은 가지고 있을 거다. 인간이 옷을 입고 사는 한 옷장에 패스트 패션 옷이 몇 벌쯤 있는 건 당연하다. 하지만 이제 지구에 덜 해로운 옷을 사겠다고 마음먹었다면, 이미 가지고 있는 패스트 패션 옷들은 어떻게 할 것인지를 생각해 보자. 해결책은? 그 옷이 떨어질 때까지, 입을 수 있을 때까지 입고, 그다음에는 수선해서 또 입는 것이다.

패스트 패션이 지닌 문제점 중 하나는 사람들이 이미 가지고 있는 옷을 빠르게 포기하도록 부추긴다는 것이다. 우리는 유행에 휩쓸려 패스트 패션 옷을 그때그때 쉽게 사고, 그만큼 쉽게 버린다. 그런 다음에는 버린 것을 대신할 옷을 더 많이 산다. 이런 순환이 반복되면, 소비자는 철마다 값싼 옷을 덥석덥석 사들일 거라는 사실을 의류업체에 알리는 셈이다.

그러니 가지고 있는 옷은 모두 잘 다루고, 조심히 빨고, 덧대어 입자. 옷 수명은 늘어나고, 우리는 더 적은 제품으로 지낼 수 있다. 그러면 옷을 빠르게 사고 버리는 순환 속도를 늦추는 데 도움이 될 것이다.

/ 남 김 없 이　먹 기 /

미니멀리스트라고 맨날 다이어트를 하지는 않는다. 미니멀리즘을 지지하느라 먹는 양을 줄일 필요는 없다. 미니멀리스트처럼 먹고도 배고프거나 쫄쫄 굶지 않을 수 있다. '미니멀리스트답게 먹기'란 필요한 것을 사고, 산 것을 최대한 이용하고, 적게 버리고, 남은 것은 퇴비로 활용하기 등이다. 식료품점에 장바구니를 가지고 가고, 개인 컵을 들고 다니며, 포장을 적게 한 식품을 사고, 어쩔 수 없이 포장이 많이 된 식품을 샀다면 식품 포장재를 재활용하도록 한다. 그러면 자원을 아끼고 쓰레기를 줄이는 데 도움이 된다.

미니멀리스트답게 먹는 요령 중 하나는 꼼꼼히 식단을 짜는 것이다. 물론 쉽지 않겠지만 해 본다. 식단 짜기는 며칠 또는 한 주 동안 먹을 음식을 생각하고, 만들고 싶은 요리를 정하는 거다. 그런 다음 냉장고나 식료품 저장실에 없는 재료만 산다. 여러분이 직접 장을 보는 일은 드물기 때문에 부모님이 식단을 짜고 장을 볼 때 여러분도 참여하여 의견을 내고 이야기를 나눠 보자. 여러분의 참여와 제안으로 온 가족이 음식을 대하는 생각과 소비 방식을 바꿀 수 있다.

음식을 신중하게 구매한다 미니멀리스트답게 먹기 첫 단계는 먹을거리 사는 양을 줄이는 것이다. 가게에 가면 꼭 필요한 것만 사고, 충동적으로 구매하지 않는다. 우리는 필요 이상으로 사들이고, 아직 먹을 수 있는 음식을 많이 버린다.

외식할 때도 마찬가지다. 식당에서는 식자재를 대량으로 사들인다. 메뉴판에 적힌 음식은 손님이 주문하지 않더라도 재료 준비가 빠짐없이 되어 있어야 하기 때문이다. 또 많은 식당에서 손님이 다 먹지 못할 정도로 엄청난 양의 음식을 내놓는다. 그렇게 해서 남은 음식은 쓰레기통으로 직행한다. 따라서 식당에서

음식물 쓰레기와의 전쟁은 냉
장고에 넣어 둔 먹거리를 몽땅
활용하는 것으로 간단히 해결
할 수 있다.

음식을 주문할 때는 정확히 얼마만큼을 먹고 싶은지 잘 생각해 보자. 그렇게 주문을 했는데도 양이 많아서 다 먹지 못하고, 하루 이틀쯤 보관해도 괜찮겠다 싶으면 남은 음식을 포장해 오자.

남은 음식을 잘 활용한다 미니멀리스트는 대개 지난 식사 때 먹고 남은 음식을 꺼내 먹는다. 부모님이 만들어 놓은 찌개나 며칠 전에 먹다 냉장고에 넣어 둔 햄버거 반쪽이 있다면, 먼저 그 음식을 데워 먹자. 또 음식을 새로 만들기보다는, 남은 음식에 다른 재료를 창의적으로 섞어서 또 다른 음식을 만들어 보자.

인터넷에는 남은 음식을 활용한 레시피가 엄청나게 소개되어 있다. 검색창에 '남은 음식 레시피'라고 치면 군침 도는 검색 결과를 만날 수 있다. 미국의 한 TV 채널은 2016년에 '먹고 남은 음식'을 뜻하는 '스크랩스Scraps'라는 시리즈를 시작했는데, 먹고 남긴 음식과 자주 버려지는 재료를 가지고 새로운 음식을 만들어 내는 프로그램이다. 그 밖에도 온라인에서 볼 수 있는 다른 사람들의 아이디어를 참고하면 음식물 쓰레기를 만들지 않을 기발한 방법이 떠오를지 모른다.

반려동물을 키우고 있다면, 남은 음식 재료로 굉장한 음식을 만들어 줄 수 있다. 개와 고양이, 심지어 새에게 안전한 채소와 고기가 많다. 여러분이 키우는 동물 친구들에게 어떤 음식이 가장 좋을지 알아 놓자. 초콜릿이나 커피, 아보카도, 코코넛, 감귤류 같은 음식은 반려동물에게 해로우며 목숨을 앗아 갈 수도 있으므로 주의한다.

지역 사회에서 재배한 것과 유기농 식품을 구매한다 미니멀리스트로서 환경에 해를 덜 끼친다는 말은 무엇을 사고, 어디에서 생산된 것을 살지 신중히 생각하겠다는 뜻이다. 지역 사회에서 재배한 식재료를 사려고 애쓰자. 그것은 지역 사회가 성장하도록 뒷받침하는 길이고, 식재료가 화석 연료를 태우는 기차나 트럭에 실려 수백 또는 수천 킬로미터를 이동하지 않아도 된다.

친환경 농법으로 생산된 농산물을 사는 것도 좋은 선택이다. 유기 농법 같은 친환경 농법은 토양과 물과 생태계에 해를 훨씬 덜 끼친다. 유기 농법으로 생산한 농산물을 사면, 친환경적인 방법으로 농사짓는 농부들을 지지하는 셈이다. 유기 농법은 대규모 농법처럼 효율성만 따지지 않고, 대개 소규모로 운영된다. 유기 농법으로 농사를 짓는 농부는 손으로 일일이 해야 하는 일이 많다. 그리고 농장에서 키우는 가축에게 움직이는 공간을 확보해 주고 햇빛을 많이 쐬게 해 준다. 토양과 물을 오염시키지 않으려고 살충제와 제초제를 쓰지 않는다.

그래서 유기 농법으로 농사를 지으려면 더해지는 비용이 많아 유기 농산물 가격도 덩달아 비싸진다. 그러나 유기농 식품을 찾는 사람이 많아지면서 가격이 점점 떨어지고 있다. 유기농 식품을 파는 가게가 늘어날수록 비교적 알맞은 가격으로 살 수 있을 것이다. 농산물 직판장에서도 지역 사회에서 생산한 유기농 식재료를 합리적인 가격으로 판매한다.

많은 식당에서 유기농 음식을 내놓고, 지역에서 생산된 유기농 식재료를 이용해 추천 메뉴를 만든다. 유기농 음식을 주문한다면, 여러분은 미니멀리스트처럼 먹는 셈이다. 하지만 모든 음식을 유기농으로 사 먹는다 해도, 여러분이 얼마큼 구매하고 있는지 살펴야 한다. 여하간 먹을 수 있는 음식을 버리는 것은 정당화될 수 없다.

음식물 쓰레기는 퇴비로 만든다 퇴비는 음식물 찌꺼기를 쓰레기통이나 퇴비 더미에 그대로 놔둬서 만드는데, 자연에서 부패하는 과정과 비슷하다. 퇴비 상자에 종이나 아이스크림 막대기, 커피 필터 같은 유기농 자원과 함께 음식 찌꺼기를 모아 둔다. 퇴비 상자에 든 혼합물에 흙과 물을 보태면 흙 속에서 미생물이 유기농 자원을 분해하고, 그 결과물로 부엽토가 생긴다. 부엽토에 든 질소, 인, 칼륨 같은 성분은 식물이 자라는 데 에너지원이 된다. 부엽토는 정원과 농지의 흙을 기름지게 하는 훌륭한 비료다.

뒤뜰이나 마당이 딸린 집에 산다면 땅에 바로 퇴비 더미를 쌓아 놓을 수 있지만, 대개는 미리 만들어진 퇴비 통을 철물점에서 사야 한다. 이때 퇴비 통을 뒤집어 가며 규칙적으로 물을 주면, 적어도 2~3주 안에 퇴비가 만들어진다. 통을 가만히 놔두면 음식물 쓰레기가 부엽토로 변하기까지 몇 달이 걸릴 수 있다. 집 마당에서 나온 식물 쓰레기는 야생에서보다 썩는 데 훨씬 더 오래 걸릴지도 모른다.

퇴비 통은 집 바깥에 둔다. 퇴비 통에 음식을 썩히면 냄새가 나고 벌레가 꼬이기 쉽기 때문이다. 집에 마당이 없다면, 지역 단체에서 음식물 쓰레기를 비료로 처리하는 프로그램을 찾아보자. 지역 사회에서 음식물 쓰레기를 수거해 퇴비로 만드는 사업을 시행하는 곳도 있다. 퇴비는 그 지역 농장이나 공원으로 보낸다. 음식물 쓰레기를 퇴비화하는 것은 쓰레기 매립지로 가는 음식물 쓰

남은 음식을 퇴비 더미에 쌓는 모습. 음식물 쓰레기가 퇴비 더미에서 썩으면, 농장이나 정원에서 쓸 수 있는 영양가 풍부한 흙이 된다.

레기의 양을 줄일 수 있는 대단한 방법이다. 또한 퇴비 통에 든 음식물 쓰레기가 안전하게 분해되고 새로운 식물이 자라도록 돕기 때문에 환경 친화적이다. 여러분이 사는 지역에 이런 프로그램이 있는지 알아보자.

　많은 공공 기관에서도 음식물 찌꺼기로 비료를 만든다. 여러 국공립 학교와 대학에서는 구내식당에서 나오는 음식물 찌꺼기를 퇴비로 만들고 있다. 공항, 식당, 공원 같은 곳에서도 퇴비 통을 마련해 두고 있다.

식료품 용기를 재활용한다 빈 캔과 병, 상자, 식료품 용기 들을 적극적으로 재활용하자. 이런 쓰레기들을 쓰레기 매립지에 보내지 않고, 다시 쓰거나 또는 다른 방식으로 쓰도록 해 보자. 마음만 먹으면 재활용은 자주, 많이 할 수 있다.

/ 내 방 을 미 니 멀 하 게 바 꾸 기 /

10대에게 유일한 개인 공간은 각자 쓰는 방이다. 형제자매 한두 명과 방을 함께 쓰고 있는 경우도 있지만 말이다. 여러분은 가장 좋아하는 밴드의 포스터를 벽에 붙여 장식하거나 친구한테 받은 의미 있는 선물들로 책상을 꾸밀 수 있다. 여러분은 자기 방에 자신만의 개성을 드러내는 데 어떤 제약도 받고 싶지 않을 것이다. 하지만 미니멀리스트다운 공간을 만들면서도 개성을 충분히 드러낼 방법이 있다. 혼자 쓰는 방이 아니라면, 같이 쓰는 형제자매와 함께 미니멀리스트로서의 공간을 만들고 공유할 수 있다. 형제자매가 싫다고 해도 여러분에게 주어진 공간 안에서는 미니멀리스트로서의 선택을 할 수 있다.

지속 가능한 물건을 산다 방에는 대개 침대, 책상, 의자, 책장이 있다. 친환경적인 방으로 바꿔야 한다는 생각에 방에 있던 것들을 모조리 내다 버릴 필요는 없다. 되도록 쓰레기 매립지로 가지 않게 가구를 잘 길들여 오래 쓰도록 하고, 새로 장만하고 싶은 욕구는 줄이자. 그럼에도 가구를 바꿔야 하거나, 꼭 필요한 가구를 들이고 공간을 새로 꾸며야 한다면, 지속 가능한 방식을 생각하면서 구입한다.

가구를 들이고 실내 장식을 하면서 지속 가능성을 따지는 것은 늘 쉽지 않다. 목재 가구를 살 때는 되도록 FSC(국제산림관리협의회) 인증을 받은 제품을 찾는다. 관리자가 숲에 살충제를 사용하지 않았음을 인증한 것으로, FSC 인증을 받은 숲에서는 넓은 땅에 걸쳐 나무를 자르지 않고, 비어 있고 폭풍우에 쓸려 갈 것 같은 땅은 내버려 둔다. 그리고 숲 생태계에 의존하는 동식물을 보호한다.

그 밖에 낡은 가구를 재활용하거나, 낡은 목재 또는 낡은 건물의 바닥 재료를 업사이클링하는 방식으로 지속 가능한 가구를 만든다. 대개 가구 회사는 상품 안내서와 여러 광고에서 친환경적으로 제작했음을 강조할 것이다. 이 사실이 못 미덥다면, 가구 판매자에게 묻거나 회사에 문의 메일을 보내자.

업사이클링을 한다 업사이클링한 가구나 장식품을 사기보다 더 좋은 방법은 스스로 업사이클링을 하는 것이다. 즐겨 입던 낡은 티셔츠나 스웨터는 베개나 누비이불로 바꿀 수 있다. 오래된 목재 받침대는 플랫폼 침대(매트리스를 고정하기 위해 약간 움푹

파인 얇은 상자 모양의 침대)로, 그리고 철망으로 된 쓰레기통은 침실용 탁자나 식물 받침대로, 금속으로 된 들통은 전등갓으로 활용할 수 있다. '핀터레스트'는 이미지나 사진을 공유, 검색, 스크랩하는 이미지 중심의 소셜 네트워크 서비스인데, 잘 활용하면 좋은 아이디어가 떠오르게 해 주는 보물 창고다. 중고 매장 또는 창고 세일하는 곳에 가거나 쓰레기 수거하는 날에 맞추어 거리를 돌아다녀도 필요한 재료를 대부분 구할 수 있다. 어쩌면 멀리 갈 것도 없이 집 창고를 뒤지기만 해도 재미나고 파격적인 가구로 재탄생하고 싶어 하는 물건을 찾아낼 수 있을 것이다.

중고품을 산다 물건을 만드는 솜씨는 없지만 그래도 나만의 개성을 살려 제품에 새 생명을 불어넣고 싶다면, 중고 매장부터 가서 뒤져 보자. 책상과 의자부터 천 조각까지, 거의 모든 제품을 살 수 있다. 대형 할인점에서 사는 것과 가격 면에서는 별 차이가 없을 수도 있지만, 여기서 구입한 물건은 이전 주인에게 극진한 사랑을 받은 것이다. 이런 물건을 쓰레기 매립지나 소각장으로부터 구출해서 새로운 집으로 데려오자.

/ 군더더기 없는 공간 /

평온하고 깔끔한 공간을 마련하고 싶다면, 먼저 잡동사니를 어떻게 없앨지 생각해 보자. 방 안의 물건을 덜어 내는 것만으로도 스트레스를 줄일 수 있다.

가진 물건을 응용한다 잡동사니를 없애는 데 집중하고, 자신이 좋아하고 늘 필요로 하고 즐기는 물건은 쓰임새를 늘린다. 진짜로 필요한 물건의 수를 줄여 보고, 선반이나 방바닥에 두는 물건도 최소한으로 줄인다. 그렇다고 자신에게 의미 있고, 실용적이고, 중요한 것까지 몽땅 내다 버릴 필요는 없다. 두고두고 천천히 응용하며 쓰는 쪽이 훨씬 더 좋다. 하나를 사면 하나를 버리는 것도 좋다. 멋진 스탠드를 새로 샀다면 원래 쓰던 스탠드를 팔거나 기부하는 방식으로, 가구마다 딱 한 가지씩만 소유한다.

무엇을 눈에 보이게 놔둘 것인지 결정한다 최종 목표가 많은 물건을 치우고 공간을 비우는 것이라고 해서 죄다 없앨 필요는 없다. 정말 좋아하는 장식품을 치우기로 마음먹었지만, 없애기보다는 안 보이는 곳에 보관할 수 있다. 그런 물건은 보관함에 담아 옷장이나 침대 밑에 넣어 둔다. 진정한 미니멀리스트의 공간에는 눈에 보이는 곳에 물건이 별로 없어서 깔끔하고 여유 있어 보인다. 무엇이든 벽에 걸 것이 아니라 방을 꾸밀 만한 작품을 골라서 걸자. 늘 쓰는 물건은 책상 위에 둔다. 베개와 인형은 나란히 침대 위에 두어도 좋다. 손에 쉽게 잡혀야 하는 물건이나 자

방을 깔끔하고 단순하게 꾸미고 싶다면, 좋아하면서도 튀지 않는 색 몇 가지를 배합한다.

신이 바라는 분위기를 연출해 주는 물건만 보이는 곳에 두자. 여유로운 공간을 유지하면서, 물건을 주기적으로 바꿔서 그때그때 색다른 기분을 느껴 보자.

색깨 배합을 생각한다 잡지와 온라인 기사에서 다루는 미니멀리스트의 침실은 색감이 튀지 않고 은은한 느낌을 준다. 흰색, 검정색, 갈색, 회색은 눈을 편하게 하고 간소한 방에서 아름다운 배경이 된다. 하지만 분홍색, 청록색, 연노랑으로 꾸며도 좋다. 이때 색은 몇 가지로만 유지하는 것이 핵심이다. 가능하면 벽, 창틀,

커다란 가구의 색상을 최대 세 가지로 제한한다. 예를 들어, 분홍색을 좋아한다면 벽과 침대보 한두 가지를 분홍 계열로 하고 의자와 선반은 흰색으로 한다. 청록색처럼 화사한 색을 쓰고 싶다면 강조하는 용도로 하자. 벽 한쪽 면만 청록색으로 칠하고, 그 밖에 청록색을 띨 물건으로 침대보, 그림, 의자 중에서 고른다. 다른 벽과 깔개는 연한 청록색을 쓰거나 자주색처럼 반대되는 색을 쓴다.

방에 페인트를 칠하고 싶은데 무슨 색으로 해야 할지 판단하기 어렵다면, 방 사진을 가지고 동네 페인트 가게로 가 보자. 페인트 가게 주인은 침실에 쓰면 좋은 색을 잘 알고 있으니 함께 상의하여 색을 고를 수 있다. 어떤 페인트 회사는 방 사진을 사이트에 올리면, 화면에서 여러 색상을 입혀 볼 수 있는 기능을 제공한다.

조화롭게 보이도록 한다 잡동사니를 버린 다음 방을 한번 둘러보자. 더욱 조화롭고, 평온하고, 깔끔한 분위기로 만들려면 어떻게 해야 할까? 선반에 책을 몇 권 꽂아 두었다면, 책등을 색깔이나 크기별로 정돈한다. 액자는 한데 모아 놓는다. 액자가 여기저기 흩어져 있기보다는 한 덩어리로 보이게 한다. 밖에 나와 있는 옷은 옷장에 집어넣자. 가구마다 어느 자리에 놓을 때 가장 자연스럽게 느껴지는지 다시 배치하는 실험을 해 본다. 예를 들어, 모든 가구를 벽을 따라 쭉 늘어놓는 구도는 피하자. 이런 구도에서는 방 한가운데에 빈 공간이 생긴다. 그러지 말고 책상을 모퉁이에 놓고, 푹신한 안락의자와 탁자를 서로 비스듬하게 놓아서 책을 읽는 아늑한 공간을 만든다.

　큼직한 가구들이 깔끔하고 단순한 디자인이라면, 군더더기 없어 보이는 침실을 만들기가 훨씬 쉽다. 하지만 테두리가 화려한 침대나 무늬가 대담한 커튼도 괜찮을 수 있다. 방에서 포인트가 될 만한 게 그것뿐이라면 말이다. 여러분 방에 이미 깔끔한 것과는 거리가 먼 가구들이 들어차 있다 해도, 가구를 새로 들이기 위해 돈을 쓸 필요는 없다. 잡동사니를 치우고, 가구를 새로 배치하고, 최대한 깨끗한 공간으로 만들면 된다.

중고 매장에서
알차게 쇼핑하는 방법

중고 매장을 처음 이용하는 사람이라면, 물건이 꽉 들어찬 매장 선반을 샅샅이 뒤질 엄두가 나지 않을 것이다. 중고 매장에서 물건을 고르는 데 도움이 될 다섯 가지 사항을 살펴보자.

1. 매장 정보를 알고 간다

중고 매장에 가기 전에 웹사이트에서 매장 정보를 찾아보자. 매장에서 기부를 받는다면 자신이 처분할 옷을 가져가자. 물물 교환을 하는 중고 매장에서는 여러분이 기부하는 양에 비례해서 중고 의류를 대폭 할인받을 수 있다. 어떤 매장에서는 기부하면 할인 쿠폰을 주기도 하고, 어떤 매장에서는 일정한 양을 구입하면 할인해 주기도 한다.

2. 간편하게 입고 간다

매장에 갈 때에는 입고 벗기 쉬운 옷과 신발을 신고 가자. 몸에 달라붙는 바지에 티셔츠를 입고 가는 것도 좋다. 매장에 탈의실이 부족하거나 비어 있는 탈의실이 없을 때, 통로에서 이 옷 저 옷을 걸쳐 볼 수 있다. 이런 옷차림은 탈의실에서도 무슨 옷이든 빠르게 입어 볼 수 있어 편하다.

3. 계획적으로 둘러본다

피곤할 때, 슬프거나 화날 때, 배고플 때, 바쁠 때는 중고 매장에 절대 가지 않는다.

마음이 편안하고 진짜 쇼핑하고 싶을 때 가야 물건이 꽉꽉 들어찬 선반을 봐도 파 증이 나거나 맥이 빠지지 않는다. 매장을 구간별로 살펴보자. 바지부터 시작해서 치 마, 원피스, 스웨터, 셔츠, 재킷 구간 순으로 이동하자. 모든 구간을 살펴보지 못해도 괜찮다. 한두 구간만 살펴보고 다음에 다시 오면 된다.

4. 열린 마음으로 살펴본다

찾고 싶은 옷을 희망 목록에 적어 가되, 목록에 연연하지 않는다. 넓은 격자무늬 빨 간색 셔츠를 사고 싶지만 밋밋한 셔츠를 찾을 가능성이 높다. 사고 싶은 특정한 옷 이 있다고 해도 너그럽게 이런 옷 저런 옷에도 눈길을 주고, 몇 벌은 모험하는 셈 지 고 탈의실로 가져가자. 뜻밖에도 마음에 드는 옷을 찾을지도 모른다.

5. 흠이 있는지 꼼꼼히 살펴본다

사고 싶은 옷을 찾았다면 흠이 있는지 꼼꼼히 살펴본다. 소매에 큼지막한 얼룩이 있 는 걸 집에 가서야 알아차렸다면 헐값으로 산 스웨터라도 싸게 산 게 아니다. 재킷,

외투, 가죽 가방처럼 오래가는 제품 은 티셔츠나 원피스, 셔츠보다 살 만 하다. 중고 의류가 많이 낡았을까 봐 걱정된다면, 이런 품목에 집중하자. 상품에 흠이 있는데도 여전히 가지고 싶다면, 매장 직원에게 깎아 달라고 흥정해 보자. 중고 매장에서는 가격 이 고정되어 있는 경우가 드물다. 그 대신 중고 매장에서 옷을 사면, 집에 가서 떨어져 나간 단추를 새로 달고 터진 솔기를 꿰매야 할 수도 있다.

미니멀리스트에 도전하기 :
손쉬운 업사이클링

와인 코르크로 만든 다육 식물 자석

〈준비물〉

스티커 자석

와인 코르크

접착제

가위

흙

작은 다육 식물

핀셋

1. 코르크 옆면에 자석을 붙인다. 스티커 자석이어도 접착제를 발라 단단히 고정한다.

2. 코르크 마개뽑이가 낸 구멍 주위를 조심스럽게 가위질해서 자리를 넓힌다. 약 0.6cm 깊이와 넓이로 코르크 속을 파낸다.

3. 파낸 곳에 흙을 넣는다.

4. 핀셋을 사용해서 다육 식물을 조심스럽게 넣는다.

5. 완성된 다육 식물 자석을 냉장고나 금속 표면에 붙인다.

낡은 청바지로 만든 하트 책갈피

〈준비물〉

자(또는 줄자)

낡은 청바지

흰색 초크(또는 직물용 펜)

가위와 솔

종이 포일

원단용 접착제(또는 공예용 접착제)

자수용 실 세 가닥(또는 투박하지 않은 털실 한 가닥)

자수용 바늘(바늘 귀가 넓고 튼튼한 바늘)

1. 자와 초크로, 천 뒷면에 정사각형 두 개를 8cm×8cm 크기로 그린다.
2. 정사각형을 자른 다음, 각각 대각선으로 반을 접는다.
3. 대각선으로 접은 천을 하트 모양으로 자른다. 먼저 천이 접힌 부분을 엄지와 검지로 잡고, 접힌 자리를 반대편 손으로 하트 윗부분처럼 둥글게 가위질한다. 접힌 부분에서 시작하여 천이 벌어진 끝부분까지 하트 모양으로 잘라 낸다.
4. 평평한 작업대에 종이 포일을 깔고 그 위에 하트 모양 천을 올려놓는다. 하트 양쪽 면에 솔로 원단용 접착제를 발라서 가장자리 올 풀림을 막는다.
5. 접착제가 완전히 마르면 실과 바늘로 꿰맨다. 겉면이 바깥쪽으로 향하게 해서 두 개의 하트를 함께 꿰맨다. 하트 위쪽으로 둥근 부분은 꿰매지 않고, 직선 부분만 가장자리를 따라 바깥쪽으로 실이 보이도록 꿰맨다.
6. 다 꿰매고 나면, 바늘을 하트 뒤쪽으로 세 땀을 통과시킨 다음 실을 자른다. 하트 윗부분의 벌어진 부분을 페이지 귀퉁이에 꽂는다. 책갈피 완성!

제 5 장

물건을 쓸 때
알아야 할
미니멀리스트의 자세

옛날 방식으로 마당이나 옥상에 빨래를 넣어
말려 보자. 햇볕과 바람이 빨래를 말려 주기
때문에, 가스나 전기 같은 연료를 써서 건조기
를 작동할 필요가 전혀 없다.

많은 사람들이 미니멀리즘을 단지 눈에 보이고 손으로 만질
수 있는 물건을 적게 소유하는 것이라는 식으로 물건에 치우쳐
생각한다. 미니멀리스트의 삶은 대부분 그런 상태를 목표로 하지
만, 덜 소유하는 문제에만 신경을 쓰는 건 아니다. 덜 쓰는 문제
도 중요하게 여긴다.

/ 전 기 아 끼 기 /

전력 사용량을 조절할 수 있는 훌륭한 방법을 알아보자.

스위치를 끈다 어두운 곳에서는 물론 빛이 있어야 하지만,
자연광이 들어와서 방이 환하다면 불을 *끄자*. 아무도 없는 방을
나갈 때도 불을 *끄자*. 그뿐만이 아니다. 우리는 전기 제품을 사용

하지 않을 때도 전원을 계속 켜 놓는다. 미니멀리스트로서 살기로 마음먹은 여러분이라면? 전원 스위치를 딸깍 하고 *끄기*만 하면 된다.

컴퓨터 전원을 끈다 컴퓨터를 계속 켜 두거나 절전 모드로 두면 참 편하다. 마우스만 흔들어서 컴퓨터를 깨우면 되니까 말이다. 하지만 컴퓨터는 잠든 동안에도 에너지를 쓰고, 그렇게 쓰는 에너지가 쌓여 간다. 연구 결과에 따르면, 컴퓨터를 밤새도록 켜 놓으면 어마어마한 비용이 낭비된다. 전기를 만들어 내는 발전소는 석탄과 천연 가스를 태우며 수백만 톤에 이르는 이산화탄소를 공기 중으로 내보낸다. 그러니 컴퓨터 전원을 꺼 놓자. 컴퓨터를 다시 켜는 데 몇 분도 안 걸린다.

옛날 방식을 따른다 빨래한 옷을 전기 건조기에 넣지 말고 빨랫줄에 널자. 식기 세척기를 돌리지 말고 손으로 설거지를 하자. 전기 믹서를 쓰지 말고, 손을 써서 으깨는 조리 기구로 감자를 으깨자. 겨울에는 난방기를 빵빵하게 트는 대신 옷을 껴입고, 슬리퍼를 신자. 여름에는 에어컨 대신에 차양을 내리고, 부채를 쓰자. 에어컨을 켤 때는 26℃를 유지하자. 온도를 더 낮추면 에어컨이 먹는 에너지가 어마어마해진다. 전기료도 엄청나게 나올 것이다.

/ 물 아끼기 /

미국인은 사용하는 물의 95퍼센트를 그냥 흘려보낸다. 오늘날 미국인은 1950년대보다 127퍼센트나 더 많이 물을 쓴다. 많은 사람들이 물을 영원히 쉽게 얻을 수 있는 자원으로 생각한다.

세계 보건 기구에서는 기후 변화와 인구 증가, 도시화가 세계적으로 물 공급 시스템에 변화를 가져왔다고 말한다. 우리가 마실 수 있는 물은 대수층(지표 위의 물이 땅속으로 침투해 생긴 지하수층)에서 주로 얻는다. 도시가 성장할수록 가뭄은 더욱 흔한 일이 되고, 농경지가 넓어질수록 우리는 물을 소진하고 오염시킨다. 이미 여러 대수층의 물이 바닥나고 있는 실정이므로 물을 아껴야만 한다. 집에서 물을 아낄 수 있는 방법을 알아보자.

<u>수도꼭지를 잠근다</u> 이를 닦거나 설거지를 할 때, 우리는 흔히 수돗물을 콸콸 틀어 놓는 바람에 사용하지도 않은 물이 몇 리터씩 배수관으로 흘러 나간다. 미국 환경 보호국에서는 칫솔질하는 동안 수도꼭지를 잠그기만 해도 하루에 물 30리터를 아낄 수 있다고 추정한다. 면도하는 동안 수도꼭지를 잠그면, 한 번 면도할 때마다 물 38리터를 아낄 수 있다. 만약 하루에 두 번 이를 닦고 일주일에 다섯 번 면도한다면, 한 사람이 일 년에 거의 2만 1575리터를 아낄 수 있다. 거기에 수백만 명을 곱하면, 해마다 아낄 수 있는 양은 어마어마하다.

끝없는 샤워는 그만 이를 닦거나 설거지할 때보다 샤워할 때 수도꼭지를 잠그는 게 조금 더 어려울 수 있다. 특히 아침이나 저녁에 따뜻한 물로 몇십 분씩 샤워하는 습관이 들었다면 말이다. 따뜻한 물은 화석 연료를 태워 얻는 데다 샤워를 오랫동안 하면 물도 낭비된다. 표준형 샤워기 꼭지에서는 1분에 약 9.4리터의 물이 나온다. 그러니 몇십 분 동안 버려질 물을 상상해 보자. 물을 아끼기 위해서 되도록 몇 분 동안만 샤워를 하자. 머리를 감고 몸을 씻는 정도로만 한다. 욕조 목욕을 좋아한다면, 목욕하고 난 물을 통에 모아 마당이나 집 안에서 키우는 식물에게 주자. 개수대나 욕조의 물은 조금 더러워도 식물에게는 해롭지 않다.

빗물 통을 설치한다 아마도 집에서 물이 가장 많이 소비되는 곳은 잔디밭과 정원일 것이다. 미국 환경 보호국에 따르면, 평균 크기의 잔디에 일주일 동안 날마다 20분씩 물을 주는 양은 4일 동안 끊임없이 샤워기에서 물을 흘려보내는 양과 맞먹거나, 또는 샤워를 800번 하는 양보다 더 많다. 꽃과 잔디를 가꾸려고 수돗물을 사용할 것이 아니라, 빗물 통을 설치하자. 빗물 통을 홈통 밑에 두고, 지붕에서 떨어지는 빗물이 빗물 통에 몽땅 흘러들게 두자. 빗물이 모이는 양은 지붕 크기와 빗물 통을 얼마나 많이 놔두느냐에 달렸다. 크기가 3.65m×3m가 되는 베란다 바깥쪽에 빗물 통을 설치하고, 강우량 2.5cm만큼의 비가 왔다고 치자. 그러

빗물이 홈통에서 흘러 빗물 통으로 떨어진다. 빗물 통에는 대부분 아래쪽에 수도꼭지가 달려 있어, 수도꼭지에 호스를 연결하면 빗물 통에 모인 빗물을 잔디밭이나 정원으로 곧장 끌어다 쓸 수 있다.

면 모인 물은 약 284리터로, 꽃과 나무에 주거나 세차할 수 있을 만큼 된다.

모은 빗물을 마시거나 채소밭에 주지는 말자. 종종 지붕이나 다른 구조물에서 오염 물질이 함께 섞여 떨어지기 때문이다. 아파트에 사는 사람들도 베란다에 작은 빗물 통을 설치할 수 있다. 집에 빗물 통을 설치하면 어떨지 부모님과 이야기를 나눠 보자.

/ 미디어에 휘둘리지 않기 /

텔레비전을 덜 보고, 인터넷에서 실시간으로 동영상 보는 것을 줄이고, 휴대 전화에서 여러 앱을 이용하는 시간을 줄이는 것도 모두 에너지를 아끼는 길이다. 온종일 휴대 전화 화면을 껐다 켰다 하지 말고, 한번 쓸 때 길게 쓰도록 신경 쓰면 배터리 전원을 아낄 수 있다. 자주 충전하지 말고 에너지를 덜 소비하자는 뜻이다. 스스로 제한을 두고, 그런 제한 속에서 잘 살아갈 수 있음을 체득해 보자. 미니멀리즘이 자신에게는 맞지 않는다고 지레 결론 짓고 포기할 필요는 없다.

미디어는 영상 매체뿐 아니라 읽을 수 있고 볼 수 있는 것을 모두 아우른다. 미디어에 능통한 미니멀리스트가 되는 또 다른 길은 다음과 같다.

오래된 잡지를 재활용한다 잡지나 소책자를 생산하는 데에는 에너지가 많이 소비된다. 글을 쓰고 편집하는 동안 컴퓨터는 에너지를 쓴다. 그 내용을 엄청나게 많은 종이에 인쇄하는데, 이때 인쇄기는 화석 연료로 가동된다. 인쇄물을 제본소에 옮기고, 또 책이라는 결과물로 나온 것을 각 지역의 서점으로 운반하는 트럭도 화석 연료로 굴러간다. 그나마 다행인 것은 책자는 재활용할 수 있어, 집 밖에 내놓으면 재활용 쓰레기로 수거해 간다.

그렇지 않으면 병원이나 미용실, 지역 사회 기관에 기증하여 잡지와 카탈로그에 새 생명을 불어넣어 줄 수도 있다. 또는 잡지와 카탈로그로 콜라주나 데쿠파주(종잇조각을 오려 붙이는 장식법), 멀티미디어 작품을 만들어 업사이클링을 해 보는 것도 좋다. 우편으로 받는 각종 안내서를 거절하는 것은 어떨까? 해당 회사에 전화를 걸거나 메일을 보내서 안내서를 받고 싶지 않으니 우편으로 보낼 목록에서 여러분의 주소를 빼 달라고 하자.

다 읽은 책은 팔거나 돌려 본다 읽을거리를 찾아야 할 때 도서관을 이용하면 충분하다. 그래도 우리는 이따금 책을 사거나 선물로 받는다. 그러다 책이 쌓이면 중고 서적상에 팔거나 동네 벼룩시장에 내놓아 판매한다. 또는 공공 도서관이나 기부 도서를 받는 곳에 보내기도 한다. 그런가 하면 책 나눔터를 만들어 책이 여러 독자들 손에 돌고 돌게 할 수도 있다. 동네에 책 나눔터나

미국의 샌프란시스코에 있는
작은 책 보관함. 읽지 않는 책
을 이곳에 가져다 놓으면, 동네
사람들이 자유롭게 골라 간다.

책을 교환해서 보는 프로그램이 있는지 살펴보자. 그런 곳이 집
가까이에 없다면 직접 책 나눔터를 만들면 어떨까?

　　슬기로운 미디어 소비자가 된다 물건이 더 필요하고, 물건
을 더 사야 하고, 더 가져야 한다는 메시지가 끊임없이 흘러나오
는 환경에서 미니멀리스트로 살아가기란 생각보다 쉽지 않다. 잡
지, 텔레비전, 라디오, 카탈로그, 웹사이트는 끊임없이 물건을 사

들이라고 사람들을 부추긴다. 소비 중심의 미디어 매체를 스스로 멀리하면, 뭔가를 사야만 할 것 같은 환경에서 벗어나므로 물건을 적게 사들이는 데 도움이 된다. 구매를 자극하는 물건보다 진짜로 필요한 것과 친환경적인 물건을 선택하는 사람이야말로 중심을 잃지 않고 살아가는 소비자다. 이런 자세는 물건이 나를 소유하지 않고 내가 물건을 소유하게 도와준다.

/ 플라스틱 줄이기 /

여러분이 산 물건이 중고품이거나 재활용할 수 있거나 친환경적이라 해도 플라스틱에 싸여 있다면 지구에 하나도 보탬이 안 된다. 가게에서는 물건을 비닐봉지에 담아 주고, 음료수는 플라스틱병에 담겨 있다. 수많은 음식물과 소비재가 플라스틱으로 포장되어 있다. 이런 플라스틱은 아무렇게나 버려져 길거리와 바다, 강을 오염시킨다. 플라스틱에서 발견되는 어떤 물질은 암을 비롯한 여러 질병과 연관이 있다. 그러니 플라스틱은 덜 쓰면 덜 쓸수록 좋다. 플라스틱 쓰레기를 줄일 몇 가지 방법을 알아보자.

개인 물병을 가지고 다닌다 바깥에서 플라스틱에 담긴 물을 사 먹기보다는 집에서 물병에 물을 담아서 갖고 나가자. 물을 다 마시고 나면, 닦아서 다시 채우면 된다.

장바구니를 가지고 다닌다 천으로 만든 손가방이나 장바구니를 가방에 넣고 다니자. 가게에서 물건을 사면 비닐봉지 대신 장바구니에 담자.

플라스틱 그릇에 음식을 담지 않는다 도시락을 쌀 때에는 플라스틱 그릇보다는 유리나 금속으로 만든 그릇을 이용한다. 일회용 비닐랩 대신 밀랍으로 만든 푸드랩을 사용한다.

/ 미니멀리스트처럼 이동하기 /

휘발유를 연료로 하는 자동차는 기후 변화를 일으키는 여러 주범 중 하나다. 휘발유 자동차 없이도, 또는 지구에 해를 덜 끼치는 방식을 선택하여 이용해도 어디든 갈 수 있다.

자전거를 타거나 걷는다 여러분이 미니멀리스트라면, 이동할 때 자전거를 이용하거나 걸어서 갈 것이다. 연료를 태울 일도 없고, 전기도 필요 없으며, 지구에 해를 끼칠 만한 요소가 전혀 없다. 어쩌면 친구네 집까지 가는 데에 자전거를 타고 몇 시간이나 달려야 할 수도 있고, 가게까지 걸어가려면 위험한 골목을 지나가야 할 수도 있다. 늦은 밤이라면, 걸어가거나 자전거를 타는 것이 위험하기도 할 것이다. 그러니 상황에 따라 잘 판단해서 선

미국의 덴버에서 운영하는 'B-사이클'이라는 자전거 대여 프로그램의 자전거들. 요금을 내면, 이 자전거를 타고 목적지까지 가서 그곳에 있는 B-사이클 거치대에 반납할 수 있다. 거치대는 박물관, 레스토랑, 공원, 경기장 등 도시 곳곳에 마련되어 있다.

택하자. 안전한 장소와 적당한 거리에서 바람직하다고 판단될 때 걷거나 자전거를 타자.

자전거가 없다면, 벼룩시장이나 온라인 중고 매장에서 여러 가격대의 자전거를 팔고 있으니 자기에게 알맞은 것을 고른다. 여러 도시에서 자전거를 대여하는 프로그램을 운영하고 있다. 한 시간 요금을 내고 이용하거나, 일정 기간 이용권을 끊고 그 기간 동안 사용한 뒤 공유 자전거 거치대에 돌려놓으면 된다. 자전거

대여 프로그램은 도시에서 빠르고 편리하게 다니기에 안성맞춤이다.

대중교통을 이용한다 걷기와 자전거 타기 다음으로 가장 좋은 선택은 기차나 버스처럼 많은 사람들이 함께 타는 대중교통 수단이다. 사람들이 함께 타면, 사용되는 연료량은 물론이고 도로를 달리는 자동차 수, 차에서 배출되는 오염 물질의 양이 줄어든다. 더욱이 연료로 천연가스나 전기를 사용하는 버스는 휘발유를 사용하는 버스보다 오염 물질을 덜 내보낸다. 또한 지하철은 승객 한 명을 1.5킬로미터 거리까지 태우는 데 일반 차량보다 온실가스를 76퍼센트 적게 배출한다. 대중교통을 이용할 수 있는 상황이라면 언제든 이용하자! 대중교통은 요금도 비싸지 않고, 연료비나 주차비도 들지 않는다.

카풀을 한다 자동차를 타야만 하는 상황이라면, 친구네 차에 같이 탈 수 있을지, 또는 여러분 부모님의 차에 친구를 태워 갈 수 있을지 살펴보자. 카풀 앱은 부모님이 여러분을 학교까지 태워다 줄 때 같이 타고 갈 사람을 찾도록 도와준다. 더 많은 사람이 같은 차를 타고 이동할수록 더욱 좋다는 뜻에서 카풀은 대중교통의 개념과 같다.

영국의 도체스터를 달리는 전기 버스. 대중교통 수단인 전기 버스는 두 가지 면에서 환경에 해를 덜 끼친다. 첫째, 여러 사람이 버스 한 대를 같이 타고 가기 때문에 연료가 훨씬 적게 든다. 둘째, 전기를 연료로 쓰기 때문에 이산화탄소를 비롯해 여러 오염 물질을 공기 중에 배출하지 않는다.

연료 절약형 자동차를 눈여겨본다 부모님과 함께 자동차를 사러 매장에 갔다면, 시간당 소비하는 연료량이 적은 자동차를 찾아보자. 자동차에 연료가 적게 들어갈수록 환경에 나쁜 영향을 덜 준다. 커다란 픽업트럭과 다목적용 SUV 자동차는 대개 작은 자동차보다 연료가 많이 든다. 그리고 변속 가속기 자동차가 운전을 배울 때는 까다롭더라도, 자동 변속기 자동차보다 연료를 덜 태운다.

연료와 전기를 함께 사용하는 하이브리드 자동차는 휘발유 자동차보다 오염 물질을 덜 내뿜고, 전기 모느로만 날릴 때는 오염 물질을 전혀 내뿜지 않는다. 이런 차들은 아직 값이 비싼 편이다. 하지만 연료 절약형 자동차들이 인기가 높아지고 폭넓게 활용되면서 값이 점점 떨어지고 있다.

자동차를 공회전시키지 않는다 부모님이 운전하다가 차를 잠깐 세워 두는 시간이 얼마나 되는지 살펴보자. 공회전을 할 때보다 재시동을 걸 때 엔진이 연료를 더 태운다는 말이 있지만, 미국의 환경 보호 단체인 환경 보호 기금EDF에서는 그렇지 않다고 말한다. 환경 보호 기금이 조사한 바에 따르면, 10초 동안 공회전을 하면 재시동을 걸 때보다 연료를 더 낭비한다. 게다가 공회전하는 차는 10분마다 이산화탄소 0.5킬로그램을 공기 중으로 내보낸다. 이만하면 왜 공회전을 못 하게 하는지 이해가 갈 것이다.

/ 패셔니스타의 옷장을 위한 미니멀리즘 /

여러분은 유행에 맞게 옷장을 완벽하게 만들려고 몇 년 동안 옷을 모으고 쌓아 왔다. 그런데 덜 소유하는 미니멀리스트로서 꼭 필요한 옷만 남기고 나머지는 기부하기로 마음먹었다면 무엇을 남길지 고민하느라 한동안 머리가 지끈거릴 것이다. 패션 감각이 뛰어난 여러분이 생활 속에서 미니멀리즘을 실천하는 방법은 다음과 같다.

가진 옷을 빠짐없이 자주 입는다 우리는 대부분 가지고 있는 옷 가운데 일부만 입는다. 그러면 이론적으로는 다른 옷들은 쓸모없게 되는 셈이다. 어떤 스웨터를 6개월 동안 입지 않았다면, 그 스웨터와는 작별할 수 있을 것이다. 커다란 옷장에 다양한 옷이 꽉 들어차 있지만 대부분 입지 않아 깨끗하다면 낭비일 뿐이다. 그러니 사들인 옷을 아껴 두지만 말고, 최대한 자주 입으려고 노력해야 한다. 변명하지 말고, 예외를 두지 말고, 모든 것을 입자.

순환 체계를 만든다 계절이 바뀔 무렵, 바지와 치마, 원피스, 셔츠 들을 옷장에 마음 가는 대로 쭉 걸어 놓는다. 첫날에는 맨 앞에 걸려 있는 옷을 입고 나가고, 돌아와서는 그날 입은 옷을 맨 뒤쪽에 걸어 놓는다. 그런 식으로 계속해서 맨 앞에 걸린 옷을 입는다. 옷장에 걸린 옷을 모두 입어 보고 나면 어떤 옷이 해졌는지, 입을 수 없는 옷은 무엇인지 알 수 있다. 사실 옷장에 있는 모든 옷이 필요하지는 않을 것이다. 입지 않는 옷은 기부하자.

캡슐 옷장에 도전한다 캡슐 옷장이란 옷장에 옷을 몇 가지만 골라 놓고 일정 기간 동안 그 옷만 입는 것을 말한다. 혼자 부담 없이 도전할 수 있는 일로, 제한된 몇 벌로 얼마나 창의력을 발휘할 수 있는지 확인하는 재미난 방법이다. 아울러 몇 안 되는 핵심 품목만 가지고도 얼마든지 유행에 맞춰 멋 부리며 살 수 있다는 생각을 확고하게 심어 줄 것이다.

수선하고 다른 용도로 고쳐 쓴다 미니멀리스트는 물건을 살 때 신중하게 고르고, 가지고 있는 물건은 매우 조심스럽게 다룬다. 여러분도 이런 원칙을 적용하여 옷과 신발과 액세서리를 완벽한 모양새로 보관하자. 혹시 찢어지거나 얼룩이 묻었더라도 곧바로 쓰레기통으로 내던지지는 말자. 창의력을 발휘해서 수선하고 업사이클링하여 제품에 두 번째 기회를 주자.

중고 매장을 이용한다 중고 의류 매장은 멋진 옷을 저렴한 가격에 살 수 있는 곳이다. 나온 지 그리 오래되지 않은 제품이 많아서 색상이나 스타일이 여전히 멋지다. 중고 판매장이나 온라인 중고 매장에서 패스트 패션의 거의 모든 브랜드를 찾을 수 있다. 운이 좋으면 전혀 입지 않은 제품을 중고 매장에서 구할 수 있다. 소매점은 지나치게 많이 남은 재고를 중고 매장에 내놓기도 한다. 그리고 옷이 너무 많아서 미처 입지 못한 옷을 기부하는 소비자도 있다.

/ 수집가를 위한 미니멀리즘 /

우리가 가진 물건은 어느 것이나 의미가 있다. 추억이 깃들어서 함부로 무시하거나 포기할 수 없는 값어치를 지니기도 한다. 우리가 깊이 사랑했지만 세상을 떠나고 없는 사람의 물건이라면 더욱 그렇다. 그리움과 향수에 젖은 수집가들에게 소유물을 줄이는 일은 너무 고통스러워 몸의 일부가 잘려 나가는 기분이 들 수 있다. 여러분에게 중요한 기억을 떠올려 주거나 한시라도 없으면 도저히 못 살 것 같은 물건은 버리지 않아도 된다. 하지만 버릴 준비가 조금이라도 되었다면, 다음과 같은 방법을 따라 보자.

"이게 그렇게 좋아?"라고 묻는다 일본의 정리 전문가 곤도 마리에가 쓴《인생이 빛나는 정리의 마법》에서는 물건을 가지고 있을지 버릴지 결정하는 간단한 방법을 소개한다. 물건을 집어 든 다음, "이게 그렇게 좋아?"라고 자신에게 물어보는 것이다. 다시 말해, 그 물건에 손을 대면 즐거운 마음이 솟구치는가? 즐거움이 솟구친다면 그 물건은 간직한다. 그렇지 않다면, 그동안 함께한 것에 감사하며 기부할 물건을 모아 둔 상자에 담는다. 이 방법은 여러분에게 꼭 필요한 물건이 여러분의 공간에 있어야 한다는 사실을 확인하는 직관적인 방법이다.

곤도 마리에는 지킬 것과 버릴 것을 가늠하는 수단으로 이 방법을 모든 것에 써 보라고 한다. 물론 시간을 많이 잡아먹는 방

정리 전문가 곤도 마리에가 일
본 도쿄에서 의뢰인을 도와 잡
동사니를 치우려고 물건을 분
류하고 있다.

법이기는 하다. 하지만 그럴 만한 가치가 있다. 조금씩 시간을 들
여 해 나가다 보면, 어느 순간 물건 정리가 거침없이 진행되어 놀
라게 될 것이다!

버리기 전에 목록을 적어 둔다 아직도 기부 상자 쪽으로 옮
겨 놓기가 망설여지는가? '그렇게 좋아'하지 않는 물건인데도?
그러면 물건을 버리기 전에 버릴 물건을 목록으로 적어 보자. 그
런 다음, 좋아하지만 버릴까 말까 고민하는 장신구나 기념품, 미
술품, 액자와 그림, 옷과 신발을 사진 찍어 놓으면 그 물건과 관

련된 기억을 간직하는 데 도움이 된다. 사진과 함께 물건에 얽힌 사연을 짧게 적어 두면 기억은 한층 더 오래간다. 사진과 글을 컴퓨터 파일에 보관하자. 또는 여러분이 사랑했던 것들을 스크랩북에 기념해 둔 다음 새로운 주인에게 넘기자.

미니멀리스트에 도전하기 :

캡슐 옷장

캡슐 옷장을 사용하면 그동안 잘 안 입던 옷을 입는 도전을 해 볼 수 있고, 멋지게 차려입는 데 바지가 그다지 많이 필요하지 않다는 사실을 깨닫게 된다. 캡슐 옷장에 넣을 품목을 뽑는 기준은 다음과 같다.

- 캡슐 옷장에 넣을 품목을 몇 가지로 고른다. 이 품목에는 교복과 신발, 외투도 포함된다. 체육복, 액세서리, 가방, 수영복, 속옷은 제외한다. 나머지 다른 옷들은 안 보이는 곳에 두자.

- 캡슐 옷장에 집중할 수 있도록 옷장에 주제를 정하자. 예컨대 자신이 가지고 있는 로커 기질이나 낭만적인 감성을 드러내고 싶다면, 시각적으로 그러한 느낌이 잘 표현되도록 캡슐 옷장을 구성하자.

- 기본 차림새와 특별한 옷의 균형을 맞추자. 모든 품목을 죄다 과감한 그림이 인쇄된 옷으로 골라 놓으면 결국 파증이 나고 말 거다.

- 뭘 골라야 할지 감이 안 온다면, 아래옷보다 윗옷을 더 많이 고른다. 아래옷은 훨씬 기본적이고 융통성 있게 입을 수 있기 때문이다. 치마나 바지는 똑같은 것을 일주일에 여러 번 입어도 괜찮다. 윗옷과 액세서리를 바꾸면 아래옷이 똑같아도 눈에 띄지 않는다.

- 골라 놓은 품목들이 서로 잘 어울릴 수 있도록 색상을 조합하자.

- 한 달 동안은 이 품목 안에서 조합하여 입자.

한 달이 지나면, 그동안 경험한 것을 글로 써 보자. 예상보다 힘들었던 점은 무엇인가? 어쩌면 생각보다 쉬웠을지도 모르지만. 옷장은 얼마나 자주 열어 보았는가? 캡슐 옷장을 또 만들 것인가? 이 질문에 '그렇다'로 대답했다면, 품목을 새로 골라서 또다시 시작해 보자. 친구에게 권해서 함께 해 봐도 좋다!

미니멀리스트에 도전하기 :
부메랑 가방 만들기

2013년, 오스트레일리아의 골드 코스트에 사는 타니아 포츠와 조르딘 드 보어는 환경 보호에 관심이 많아서, 비닐봉지 사용을 줄이기 위해 힘을 모았다. 두 사람은 천을 재활용해서 가방을 만들어 가족과 친구들에게 나눠 주었다. 이들은 자신들의 모임에 '부메랑 가방'이라는 이름을 붙였다. 몇 년 지나지 않아, 재활용 가방을 만드는 두 사람의 방식은 세계로 퍼졌다. 부메랑 가방 프로그램에 참여하는 것은 환경에 해로운 비닐봉지 남용을 막는 재미있고도 훌륭한 방법이다. 이 운동에 참여하는 방법은 다음과 같다.

1. boomerangbags.org 사이트에 들어가 참여할 그룹을 찾는다.

2. 집에서 천을 모은다. 낡았지만 업사이클링하기에 좋은 튼튼한 천을 찾는다. 또는 중고 매장에서 베갯잇, 침대 시트, 테이블보 같은 천을 산다.

3. 가방 만들기 모임 사람들을 만난다. '부메랑 가방'에서 견본을 제공해 주지만, 직접 디자인해도 좋다.

4. 자신이 만든 가방을 나누어 준다. 친척, 친구, 선생님, 심지어 처음 보는 사람에게도 주자! 부메랑 공동 설립자는 웹사이트에서 다음과 같이 말한다. "여러분은 재활용 가방을 나눠 주었을 뿐이지만, 쓰레기와 지속 가능성과 공동체 의식에 관한 메시지를 나눴다는 점을 알아야 해요. 사람들을 서로 이어 주고, 힘을 실어 주고, 영감을 주는 것이 문제에 대한 해결책이에요!"

제 6 장

단순하게 살기를
삶의 철학으로 삼기

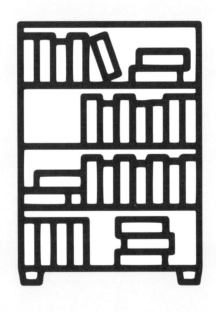

요가와 명상은 마음을 차분하게 하고 스트레스를 줄이는 데 훌륭한 방법이다.

미니멀리즘이 소비와 소유를 줄이는 문제에 관한 것이라는 건 사실이다. 하지만 자신에게 집중하면서 가치 있는 삶을 꾸려 가는 문제에 관한 것이기도 하다. 방을 어지럽히는 잡동사니를 치우면 홀가분하다. 그와 마찬가지로 우리 마음과 정신을 어지럽히는 활동이나 사람들과의 관계를 놓아 버릴 때도 똑같이 홀가분할 수 있다. 미니멀리즘을 받아들이면 스트레스를 덜 받고, 집중력이 강해지고, 삶을 더욱 단단하게 다지게 된다. 덜 소유하며 살기로 했다면, 그러한 태도는 자기 삶의 다른 부분에도 영향을 미친다.

/ 스 트 레 스 를 주 는 요 인 찾 기 /

하루하루를 지내다 보면 지루한 학교, 거슬리는 친구, 여러분을 깔보는 어른, 건강 문제, 동의하기 힘든 정치적·사회적 조건 등

참지도 피하지도 못할 스트레스에 언제나 맞닥뜨린다. 하지만 웬만한 문제들은 풀 수 있다. 만약 부모님이 농구를 계속하길 바라는데 여러분은 축구가 하고 싶다면, 자신이 더 하고 싶은 운동은 축구라고 솔직하게 말한다. 방과 후에 학원을 서너 군데 가야 해서 머리가 터질 것 같다면, 그런 심정을 부모님에게 터놓고 내보인다. 만약 동아리 친구들이 여러분의 마음을 불편하게 하는 일이나 별로 구미가 안 당기는 일을 벌이려고 한다면, 그냥 넘어갈 게 아니라 다른 활동을 제안할 수 있다.

걱정되는 일을 종이에 적어 목록을 만들어 보자. 그런 다음 자신이 바꿀 수 있는 상황과 바꿀 수 없는 상황으로 목록을 나눈다. 사소한 문제든 중요한 문제든 한 번에 하나씩 해결하면서 목록에서 지워 나간다. 도움이 필요할 때는 주저하지 말고 주변에 도움을 요청한다. 친구나 믿을 수 있는 어른은 큰 도움이 되고, 여러분을 든든하게 뒷받침해 준다. 이런 과정을 거치면 점차 마음이 편안해지고, 괴롭고 무거운 기분도 사라질 것이다.

/ 삐 뚤 어 진 우 정 은 떠 나 보 내 기 /

아마 오랫동안 붙어 다닌 친구가 한두 명은 있을 것이다. 어쩌면 더 많을지도 모르겠다. 하지만 만나면 짜증 나는 친구, 어릴 적 친구지만 더는 공통 관심사가 없는 친구, 늘 제멋대로 난리법석을 떠는 친구, 이렇게 자신의 에너지를 빼 가는 친구라면 누가 됐든 내 삶에서 조용히 떠나보내야 할 필요가 있다.

이런 친구들에게는 솔직하게 말하는 것도 한 가지 방법이다. 여러분이 어떤 기분을 느끼는지 설명하고, 잠시 만남을 쉴 필요가 있다고 말한다. 도저히 그렇게 할 수 없다면, 서서히 연락을 줄여 본다. 시간이 흐를수록 상대방은 눈치를 챌 것이다. 되도록 자신이 진짜 좋아하는 사람들과 시간을 더 많이 보내려고 해 보자. 스스로 이런 변화를 이끌어 내지 못하겠다면 믿을 만한 친구 또는 어른과 이야기를 나누며 조언과 충고를 얻는다. 어려운 대화를 어떻게 시작하고 또 문제를 어떻게 풀지, 우정을 어떻게 덜 가혹하게 끝낼지에 대한 묘안이나 통찰력을 얻을 수 있을지 모른다.

친구든 우정이든 뭔가를 버리면서 절대로 후회하지 않으려면, 자신이 진짜로 관계를 끝낼 준비가 되어 있는지 분명히 짚어 봐야 한다. 누군가를 내친 뒤에는 관계를 다시 세우기란 정말 어렵기 때문이다. 하지만 누군가가 자주 스트레스를 주고 여러분을 맥 빠지게 한다면, 미니멀리스트로 가는 길에서 이별을 선택할 수밖에 없다. 자신의 직관을 믿자.

/ 물건에 덜 집착하고 경험을 나누기 /

아마도 친구들 중에는 미니멀리스트로 살기로 한 여러분을 이해하지 못하는 사람도 있을 것이다. 또는 친구에게 그런 얘기를 하기가 꺼려질 수 있다. 그래도 여러분은 물건에 덜 집착하는 행동을 보여 주고, 친구에게 그런 활동을 함께 하자고 말해 본다.

친구가 쇼핑몰에 구경 가자고 하면 그러기 싫다고 말하자. 차라리 자전거를 타러 가거나 영화를 보자고 한다. 생일이나 기념일에 물건을 사지 말고 경험을 선물하자. 이를테면, 친구 생일에 쿠키 굽기나 공예품 만들기 같은 경험을 선물하는 거다. 물건을 재활용하고, 중고 매장을 이용하고, 환경 문제에 관련된 일을 모둠 활동에서 해 보자. 공동 텃밭을 함께 가꾸자고 권하고, 등산을 가고, 공원에서 쓰레기 줍는 봉사 활동을 하자. 전 세계의 쓰레기 문제를 들먹이지 않고도 쉽게 할 수 있는 일들이다.

/ 현재에 충실히 사는 법 배우기 /

미니멀리스트의 선택은 명확하고 자유롭고 평화 지향적이다. 여러 면에서 지구를 생각하는 행동을 실천하면 스스로를 책임감과 공동체 의식을 갖춘 시민으로 여기게 될 것이다. 더 이상 필요하지 않고 쓰임새가 적어진 물건을 기부하면, 자신이 효율적인 삶을 살고 지구를 존중하고 쓰레기 문제를 걱정하는 사람이라고 느끼게 된다. 늘 감사할 줄 알고 지금 이 순간을 즐기는 법을 배우면 더욱 뿌듯한 느낌이 들고, 물건에 의지하여 위로받고 싶은 마

여러분이 사는 곳에 마당이나 녹지 공간이 없다면, 동네에 공동 텃밭이 있는지 알아보자. 공동 텃밭은 이웃과 어울려 친환경적으로 살기에 훌륭한 방법이다.

음이 줄어들 것이다. 그러면 분노와 스트레스를 조절하는 데에도 도움이 된다. 현재의 자신에 충실하면 앞으로 다가올 도전거리나 걱정스러운 일들에 훨씬 덜 집착할 것이다.

마음 챙김 관련 사이트에서는 현재에 집중하는 데 도움이 될 명상 가이드와 자신의 감각을 깊이, 새로운 방식으로 사용하는 방법을 소개한다. 이와 비슷한 것으로 요가가 있는데, 자신의 몸과 마음을 더욱 잘 알도록 가르친다. 대부분의 스포츠 센터에서 요가 수업을 하고, 동네 곳곳에도 요가 학원이 있다. 또 집에서 혼자 요가를 할 수 있게 알려 주는 유튜브도 있다. 이를 통해

스트레스를 줄이고, 집중력을 높이며, 스스로 마음을 다스리도록 연습할 수 있다. 도서관에 가서 명상과 집중, 마음 챙김을 주제로 자신에게 맞는 책을 찾아보는 것도 좋다.

/ 여 유 가 지 기 /

자신에게 인내심을 갖도록 하자. 물건을 사는 방식, 먹고 이동하는 방법을 바꾸는 데 익숙해지려면 시간이 걸린다. 때로는 여러분이 세운 목표를 이루지 못할 수도 있다. 미니멀리스트로 가는 길에 덜커덩하고 부딪힐 수 있다. 하지만 그렇게 덜컹거리면서 미니멀리스트로서 순조롭게 나아갔던 순간의 진가를 새삼 느끼게 될 것이다. 그 과정에서 배울 점이 생기고, 다음번에는 해야 할 것과 하지 말아야 할 것이 무엇인지 깨닫고 실천에 옮기게 된다.

언제나 완벽한 미니멀리스트가 될 수는 없다. 때로는 친구들과 어울려 길거리에서 합성 섬유로 만든 옷을 사거나 남긴 음식을 그냥 버려야 할 때도 있을 것이다. 때로는 늦잠을 자는 바람에 걸어서 갈 수 있는 거리를 부모님 차로 가야 할 때도 생길 것이다. 때로는 자기도 모르게 사들인 새 물건이 방 안에 무더기로 쌓여 있는 것을 보고, 그것이 필요하지도 않은 물건들이라는 사실을 깨달을 수도 있다.

진정한 미니멀리스트가 되기 위해 실수한 자신을 질책하라는 소리가 아니다. 자신에게 지나치게 높은 기준을 적용할 필요는 없다. 진정한 미니멀리스트란 소비하기 전에 자세히 알아보고, 할 수 있는 한 지구에 해를 덜 끼칠 결정을 내리는 사람이다. 되도록 친환경적이고 지속 가능하며, 단순하고, 깔끔한 결정을 내리면 된다. 그럴 수 없는 상황에서는 자신을 눈감아 주자. 새로운 한계를 정해서 자신에게 적용할 때는 인내심을 가지고 자신에게 너그럽게 대하자. 실수를 거듭하더라도 단순하게 살기 위해 생활을 바꾸려는 여러분의 노력 덕분에 잡동사니가 줄고, 진이 덜 빠지고, 독성이 덜한 쪽으로 나아갈 것이다.

미니멀리즘은 그저 옷장 하나 없애자는 얘기가 아니다. 여러분의 삶에서 가장 중요하게 여겨야 할 것을 다시 정해 보자는 것이다. 가장 중요하게 여겨야 할 것은 몸과 마음의 편안함과 행복을 추구하는 태도이다. 변화는 오랜 시간에 걸쳐 공들인 열정, 그리고 실수하더라도 다시 해 보는 노력을 거치면서 일어난다.

단순하고 간소한 삶은 누구나 쉽게 이룰 수 없고, 정해진 길도 없다. 모든 미니멀리스트가 독특한 삶을 산다. 미니멀리스트로서 사는 방법을 말하는 매체는 많다. 이들의 제안대로 해야 하는 것은 아니다. 자신의 성향이나 한계를 생각해 보고, 새롭고 혁신적인 방법을 만들어도 좋다. 여러분의 활동과 공간, 그리고 세상에 군더더기는 덜고 진정한 마음을 담는 사람이 되기 위해서 말이다.

미니멀리스트를 만나다 :
<u>앤서니 웅가로</u>

앤서니 웅가로는 블로그와 유튜브를 운영하면서 미니멀리즘, 습관, 창의력이 배어든 삶을 이야기한다. 미니멀리즘에 관해 앤서니 웅가로의 생각을 들어 보자.

왜 자신을 미니멀리스트라고 생각하는가?
나는 내 가치관과 우선순위를 반영하기 위해서 내 삶을 끊임없이 조절하고 수정해 왔다. 그래서 나를 미니멀리스트라고 생각한다. 진정한 미니멀리스트가 되는 데 필요한 특징이나 정해진 물건의 개수가 있다고 생각하지 않는다. 그보다 미니멀리즘은 우리 삶에 무엇을 들이고 무엇을 내보낼지 결정할 때 필터와 같은 역할을 한다고 믿는다.

날마다 덜 가지고 사는 방법으로 무엇이 있는가?
'덜 가지고 살기'라는 말이 웃기게 들린다. 나와 아내가 미니멀리즘에 맞게 내린 결정 덕분에 더 많은 것을 얻었기 때문이다. 우리 부부는 필요 없는 물건을 집에 들이지 않는 데 집중했다. 새 물건을 집에 들이기로 마음먹으면, 우리는 이미 가지고 있던 물건들을 일일이 새롭게 평가한다. 우리가 바라는 삶의 모습에 잘 맞는지 확인하는 작업이다.

미니멀리스트로 살아갈 때 가장 힘든 점은?
날이면 날마다 우리 눈앞에 나타나는 광고와 광고가 보여 주는 이상적인 일상 이미

지의 양은 상상하기 어려울 정도로 많다. 광고나 마케팅 산업은 끊임없이 우리에게 뭔가 부족하고 안전하지 않다는 느낌을 주려고 엄청나게 노력한다. 우리는 그런 느낌 때문에 물건을 사들인다. 미니멀리스트로 살면서 가장 힘든 점은 우리가 선택한 삶에 따라 미디어에서 보여 주는 성공과 행복의 모습을 적극적으로 거부하는 것이다. 그럴 때 우리는 "내가 목표로 하는 삶은 누구의 생각인가? 나는 이 물건을 진짜로 원하는가? 이것이 내가 느끼고 싶던 대로 느끼게 해 줄 것인가?" 하고 스스로에게 묻는다. 이 단계만 넘기면, 그 다음 단계는 쉽다.

미니멀리스트로 살면서 재미있고, 보람차고, 멋진 점이 있다면?

이렇게 미니멀리스트로 살아가는 것 자체가 재밌다. 미니멀리즘에 대한 가장 큰 오해는 뭔가를 희생하는 삶이라는 생각이다. 단순하게 살기로 결정한 사람들은 형편이 좋지 않아서 그렇게 사는 거라고 제멋대로 추측한다. 우리 부부는 자주 여행을 한다. 물질에 돈을 덜 쓰기 때문에 여행할 비용이 만들어진다. 또 이런 삶을 선택했기 때문에 우리 둘 다 시간을 벌 수 있다. 하루 종일 직장에 매이는 일을 하지 않거나 프리랜서로서 여유를 가지고 일하기 때문에 시간을 쓰는 데 훨씬 융통성이 있다.

지구에 해를 덜 끼치고 싶은데 어디서부터 시작해야 할지 모르는 사람이 있다면 어떤 조언을 해 주겠는가?

기부하기, 재활용하기, 하루에 한 가지씩 버리기. 이렇게 세 가지로 시작하면 좋겠다. 처음에는 무엇을 원하고 무엇을 원하지 않는지, 내가 진짜로 원하는 게 뭔지 잘 몰라서 답답하고 짜증스럽기도 할 것이다. 날마다 작은 결정을 하나씩 해 나가다 보면, 결정하는 능력도 향상된다. 결정에 익숙해지면 날마다 두세 가지씩 버려 보자. 대수롭지 않아 보이지만 버릴 것을 자신 있게 선택하고, 선택한 결과를 그대로 행동으로 옮기는 능력은, 자신이 선택한 대로 삶을 디자인해 가도록 만드는 진정한 자유를 줄 것이다.

미니멀리스트에 도전하기 :
선물하기

미니멀리스트에게 선물 준비는 까다로운 문제다. 아직 단순하면서 간소한 삶으로 살아갈 준비가 안 된 사람에게 여러분이 선택한 미니멀리스트의 삶에 따른 방식을 강요하고 싶지 않기 때문이다. 그렇다고 생일 같은 특별한 때에 구두쇠나 게으름뱅이로 비치고 싶지도 않다. 등 긁어 주기 쿠폰이나 집안일 해 주기 쿠폰 등은 열 살 때까지는 귀엽게 봐줄 만하다. 하지만 나이가 들수록 선물로 생일 쿠폰을 내미는 건 성의 없게 느껴진다.

물건 대신에 경험 선물하기는 특별한 기분을 느끼게 해 주고, 함께 간직할 수 있는 추억을 만들 수 있다. 그래서 선물로 물질이 오가는 걸 줄일 수 있는 훌륭한 방법이다. 누

미니멀리스트는 뭔가를 사기보다 뭔가를 한다! 친구나 가족들의 특별한 날에 물건을 선물하기보다는, 어떤 재미난 경험을 함께 즐기면 좋아할지 생각해 보자.

군가의 선물을 준비해야 한다면, 받자마자 서랍 속이나 옷장에 넣어 두는 선물은 생각하지 말자. 다음과 같이 상상력을 자극할 만한 몇 가지 방법을 참고해 보자.

- 영화관의 관람권 기프트카드를 사서 좋아하는 영화를 함께 보며 시간을 보낸다.

- 가까운 네일 숍에 친구와 함께 가는 일정표를 선물한다. 비용을 미리 지불하고, 서비스 내용을 구체적으로 카드에 적는다. 또는 서로 상대방에게 네일 서비스를 해 주자고 제안해 보자. 겨울날에 따뜻한 집 안에서 서로 매니큐어를 칠해 주는 것도 재미있을 거다.

- 주민 자치 센터 등에서 요리, 액세서리 만들기, 댄스 등 친구가 좋아할 만한 활동을 찾아보아 강습료를 선물로 내 주자.

- 선물 받을 사람이 좋아할 콘서트나 공연 관람권을 구한다.

- 공원에 가거나 등산을 가는 등 하루 동안 함께 바깥 활동을 즐기자고 말해 보자. 함께 먹을 점심은 직접 준비하거나 사 간다.

- 상대가 활동적이라면 볼링장이나 실내 암벽 타기를 예약한다.

- 지역 아이스링크나 롤러 스케이트장 자유 이용권을 선물한다.

그 밖에, 자신이 사랑하는 사람에게 선물로 줄 수 있는 경험으로 또 무엇이 있을까?

용어 정리

기후 변화 : 특정 장소의 기후가 시간이 지나면서 점차 변화하는 것을 말한다. 최근 들어 가장 큰 기후 변화는 지구의 온도 상승으로, 주로 대기 중에 이산화탄소의 양이 증가하여 발생한다. 화석 연료를 태우면 이산화탄소량이 늘어난다.

로커보어(locavore) : '지역'을 뜻하는 영어 'local'과 '먹다'를 의미하는 라틴어 'vore'를 합친 신조어. 지역 사회에서 재배되고 생산된 먹을거리만 사거나, 그런 먹을거리를 즐기는 사람을 뜻한다.

마음 챙김 : 대상에 주의를 집중해 있는 그대로 관찰하는 것으로, 현재 순간에 주의를 집중하는 명상법을 이른다.

명상 : 고요히 눈을 감고 마음을 가다듬는 정신 훈련.

미니멀리즘 : 덜 쓰고, 환경에 끼치는 해를 최소화하고, 꼭 필요한 것만 소유하려는 삶의 방식. 미술, 음악, 문학에 반영된 미니멀리즘은 단순한 요소로 최대 효과를 이루려는 데 집중한다.

부메랑 가방 : 재활용 재료로 재사용할 수 있도록 만든 가방. 자원봉사자들로 이루어진 세계 곳곳의 모임에서 부메랑 가방을 만들고, 비닐봉지를 대신할 수 있도록 사람들에게 무료로 나눠 준다.

비료 : 경작지에 뿌리는 영양 물질. 토지의 생산력을 높이고 식물의 생장을 촉진시킨다. 동물이나 식물로 만든 유기질 비료와 화학적으로 만들어진 무기질 비료가 있다. 퇴비는 유기질 비료다.

살충제 : 사람과 가축, 농작물에 해가 되는 벌레를 죽이거나 없애는 약품.

생태계 : 생물이 살아가는 세계. 생태계에서 생물들은 서로 영향을 주고받으며 살아가고, 주위 환경과도 영향을 주고받으며 살아간다.

석유 : 땅속에서 천연으로 나는 연료. 검은 갈색을 띤 액체인 천연 그대로의 것을 원유라 하는데 이것을 증류하여 휘발유, 경유, 아스팔트 따위의 석유 제품을 얻는다. 또 플라스틱과 합성 섬유를 만든다.

업사이클링(upcycling) : 재활용품에 디자인 또는 활용도를 더해 그 가치를 높인 제품으로 재탄생시키는 것. 재활용 옷으로 새로운 옷이나 가방을 만들거나, 버려지는 폐현수막, 자투리 천, 폐목재 등에 디자인을 입혀 새로운 물건으로 만든다.

위탁 판매 : 상품 판매를 중개인에게 맡기고, 상품이 판매되면 수수료를 지불한다. 중고 업체나 온라인 중고 매장에서 상품을 위탁 판매해 준다.

유기농 : 화학 비료나 농약을 쓰지 않고 농작물을 키우는 농업 방식. 또한 항생제와 성장 호르몬을 쓰지 않고 가축을 키우는 것도 일컫는다. 성장 호르몬은 가축이 빨리 자라도록 하지만, 이러한 가축으로부터 나온 고기나 우유는 인간에게도 해롭다.

재활용 : 다 쓴 물건을 버리지 않고 모아서 바꾸어 쓰거나 고쳐서 다시 쓰는 일.

지속 가능성 : 인간이 삶의 터전으로 삼는 환경과 생태계 또는 공공으로 이용하는 자원 따위를 계속해서 사용할 수 있는 환경적 또는 경제·사회적 특성을 말한다.

캡슐 옷장 : 몇 벌의 기본적인 아이템으로 이루어진 옷장을 뜻한다. 정해진 패션 품목만 한데 모아서 일정 기간 동안 돌려 입는다.

퇴비 : 짚, 잡초, 낙엽 등을 쌓아 썩혀서 만든 비료. 집에서 음식물 쓰레기를 통해 모아 퇴비를 만들기도 한다.

패스트 패션 : 의류의 기획·디자인, 생산·제조, 유통·판매까지 전 과정을 제조 회사가 맡는 의류 전문점을 말한다. 새로운 옷과 신발과 액세서리를 값싸고 빠르게 디자인하고, 생산하고, 판매한다. 시장에 자주, 그리고 굉장히 빠르게 생산품을 대량으로 내놓아 이윤을 극대화한다. 이에 따라 세일 행사도 증가한다. 'SPA 브랜드(Specialty store retailer of Private label Apparel Brand)'라고도 부른다.

합성 화학 물질 : 지구에서 자연적으로 생겨나지 않고 인간이 만들어 낸 물질. 플라스틱, 합성 섬유, 합성 의약품, 화학 비료와 농약 등이 있다.

화석 연료 : 땅에 파묻힌 동식물이 오랜 시간에 걸쳐 온도와 압력의 변화로 만들어진 연료. 대표적으로 석탄, 석유, 천연가스 등이 있다.

환경 보호 : 자원을 보호하고 재활용하며, 동식물을 비롯한 자연환경을 보호하려는 사회 운동. 인간이 자연에 해를 끼치지 않도록 돕는 활동을 뜻한다.

지식은 모험이다 16

10대에 미니멀리스트가 되고 싶은 나, 어떻게 할까?

처음 펴낸 날   2019년 12월 10일
네 번째 펴낸 날   2021년 12월 24일

글   샐리 맥그로
옮김   신인수
펴낸이   이은수
편집   오지명
교정   송혜주
디자인   원상희
펴낸곳   오유아이(초록개구리)
출판등록   2015년 9월 24일(제300-2015-147호)
주소   서울시 종로구 비봉2길 32, 3동 101호
전화   02-6385-9930
팩스   0303-3443-9930
인스타그램 instagram.com/greenfrog_pub

ISBN 979-11-5782-084-9 44300
ISBN 978-89-92161-61-9 (세트)

이 도서의 국립중앙도서관 출판시도서목록(CIP)은 서지정보유통지원시스템 홈페이지
(http://seoji.nl.go.kr)와 국가자료공동목록시스템(http://www.nl.go.kr/kolisnet)에서
이용하실 수 있습니다.(CIP제어번호: CIP2019048097)